Eva L. Wyss

vermiss dich krass my love ♥

EVA L. WYSS

vermiss dich krass my love ❤

Schweizer Liebeserklärungen 2.0

orell füssli Verlag

Orell Füssli Verlag, www.ofv.ch

Bilder: Emoticons: © fotolia – pixelliebe; creativecommons.org; S. 15, 18 Hintergrund: Fotolia © Tolchik; S. 16, 21, 23, 41, 85 Nokia Handy: Fotolia © juliars; S. 25 Profilbilder: © ingram; Hintergrundbilder: © pixabay_com; S. 27 Brautpaar: © pixabay_com; S. 29 Tennisschläger: wikipedia; S. 31 Profilbild und Hintergrund: Fotolia © ponomarencko; S. 32 Profilbild: Fotolia © Mirko; Hintergrund: © pixabay_com; S. 41 Handy: Fotolia © J.GRUDZINSKI; S. 42 Tastatur: Fotolia © evgeniyzimin; S. 43 Computer: Fotolia © Lasa; S. 49 Profilbild: Fotolia © Fotowerk; Hintergrund: Fotolia © rohappy; S. 50 Profilbild: © ingram; Paar: © alamy.com; S. 55 Hintergrund: Fotolia © Vulkanisator; S. 60, 61 Hintergrund: © creativecommons.org; S. 65 Profilbild: Fotolia © yuriyzhuravov; Hintergrund: © pixabay_com; S. 70 Profilbild: Fotolia © Maxim Malevich; S. 73, 75, 79 Profilbilder: © ingram; Profilbild Umschlagrückseite: © ingram; übrige Quellen wie angegeben.

Konzept und Inhalt: Eva L. Wyss
Layout und Umschlaggestaltung: Weiss-Freiburg GmbH – Graphik & Buchgestaltung
Druck und Bindung: CPI books GmbH, Leck

ISBN 978-3-280-05669-1

Der Orell Füssli Verlag wird vom Bundesamt für Kultur mit einem Strukturbeitrag für die Jahre 2016 – 2020 unterstützt.

Die Deutsche Nationalbibliothek verzeichnet diese Publikation in der Deutschen Nationalbibliografie; detaillierte bibliografische Daten sind im Internet unter www.dnb.de abrufbar.

MIX
Papier aus verantwortungsvollen Quellen
FSC® C083411
FSC
www.fsc.org

Inhaltsverzeichnis

Liebe Leserin, lieber Leser,

Liebende sind gesprächig. Sie nutzen alle Kommunikationsmedien, die ihnen das bieten, was sie zum liebevollen, erotischen, freundschaftlichen und bisweilen komplizierten Austausch benötigen. So erstaunt es nicht, dass auch die sozialen Medien im Alltag von Paaren eine herausragende Rolle spielen. Mit den Social Media hat sich aber doch einiges verändert. Die Kommunikation zwischen Liebespartnern verlegt sich mehr und mehr sowohl aufs Schreiben wie aufs wirkungsvolle Versenden von Fotos oder aufs Teilen von Postings. Schreiben ist nicht länger ein sorgfältig geplantes und umgesetztes Formulieren und Überarbeiten monologischer Botschaften, sondern hat viele neue Facetten. Es geschieht in einer angeregten Aktualität, wird interaktiv und dialogisch. Das wachende Auge stets auf den Monitor gerichtet wird im schnellen Wechsel getextet. Dabei schreiben in der Deutschschweiz viele in ihrem angestammten Dialekt. Er ist hier aber gar nicht mehr etwas Besonderes, mit dem man sein eigenes Schreiben stilistisch »markiert«, das Dialektschreiben wird mit dem Smartphone vielmehr zur Normalität und gleicht sich darin dem mündlichen Gebrauch des Dialekts an.

Von drei Standpunkten aus werden in diesem Büchlein die Liebeserklärungen 2.0 betrachtet. Im ersten Teil werden die verschiedenen Plattformen und Internetdienste unter die Lupe genommen, die für die Liebeskommunikation besonders interessant sind. Im zweiten Teil werden neue Formen der Schriftlichkeit sowohl zwischen Dialekt und Hochdeutsch wie auch zwischen Schrift und Bild untersucht. In Teil drei werden verschiedene auf diesen Plattformen beobachtbare Formen und Codierungen des verbalen und visuellen Liebesausdrucks gezeigt. Zudem finden sich Auszüge aus neueren dialektalen Songtexten der Deutschschweizer Musikszene, deren Texte auf eine je eigenwillige Art und Weise den Liebesausdruck in Szene setzen.

Die meisten Beispiele, die in diesem Band gezeigt werden, entstammen einer grossen Liebesbrief- und SMS-Sammlung (LBA), die für Forschungszwecke aufgebaut wurde. Die neueren Beispiele aus sozialen Medien wurden in der Zeit von Oktober 2016 bis April 2017 gesammelt und für die Publikation anonymisiert. Die Beispiele wurden unkorrigiert – selbst mit etwaigen Tipp- oder Orthografiefehlern – wiedergegeben. All jenen Personen, die ihre Texte zur Verfügung gestellt und mich beim Aufbau der Sammlung unterstützt haben, möchte ich an dieser Stelle ganz herzlich danken.

Eva L. Wyss Zürich, im Juni 2017

Kapitel 1

Ich »chätte«, also bin ich – Liebeserklärungen im Web 2.0

Mit Smartphone und Laptop wird die Kommunikation im Alltag bequem. Die sozialen Netzwerke bündeln die Kontakte, mit einem Tastendruck kann der Partner erreicht werden, da wird ein Selfie geteilt, man flirtet im Chat und fügt jemanden in Facebook als Freund hinzu. Weite Teile der Liebeskommunikation werden heute durch die Plattformen gefädelt. Im Gegenzug werden viele Lebensbereiche vom Make-up über die Kleidung bis hin zu Geschenken für die Eventualität der fotografischen Momentaufnahme umgestaltet.

Verschiedene Facetten der »Liebeskommunikation«, der »Paarkommunikation« oder der »Kommunikation in Liebesbeziehungen« haben seit einiger Zeit einen Weg ins Internet gefunden. Geht man in die Anfänge der 1970er-Jahre zurück, finden sich **E-Mail-Liebesbriefe und Zweierchats,** die über Grossrechnersysteme laufen. Mit der Forenkommunikation im »Usenet« verlegt sich in den 1980er-Jahren auch das Kennenlernen in die Virtualität: Viele finden in dieser Zeit ihre Liebesbeziehung in einschlägigen Chats oder treffen sich in einem Online-Rollenspiel. Die virtuelle Romantik und Erotik basiert allein auf sprachlichen Mitteilungen, doch der Fantasie sind keine Grenzen gesetzt. Zudem bebildern ASCII-Zeichenfolgen **-´-,-´@** oder **:-*** die romantischen und erotischen Botschaften.

Erst auf der Grundlage des nutzerfreundlichen **World Wide Web** (1991) entsteht die heute populäre multimediale Hypertext-Plattform mit Bildern, gestalteten Texten und audiovisuellen Darstellungen. In dieser Form wurde die Erweiterung des realen Raumes um die virtuelle Realität einem breiten Publikum zugänglich. Hier folgen Kontaktangebote auf privaten Homepages oder auf explizit als solchen gekennzeichneten Dating-Portalen und Online-Single-Börsen. Bald entwickelt sich das, was wir heute als **Social Media** oder **Web 2.0** bezeichnen, ein soziales Netz, das aus einer grossen Zahl an Diensten und Plattformen besteht, die interaktiv vom Computer aus parallel genutzt werden. Hier werden, wie der Name es anzeigt, die **soziale Verbindung** von Menschen wie auch das Austauschen von Daten und Informationen in den Mittelpunkt gestellt. Einige Netzwerke fördern das Teilen von Erfahrungen, Dokumenten, Fotos und Musik: prominent sind auf diesem Feld **Facebook** (2004), das mit einer Chronik (früher: Pinnwand) und Chats ausgestattet ist, das Videoportal

Romantische Beziehungsbilanz nach einem Monat

03.09.11 gseh, 04.09.11 fb addet, 05–16.09.11 fb chättet, 17.09.11 phonet, 22.09. zämme cho 25.09.11. troffe. Lieb di Schazz	03.09.11. gesehen 04.09.11 auf Facebook hinzugefügt 05–16.09.11 in Facebook miteinander gechattet 17.09.11 sich angerufen 22.09. ein Paar geworden 25.09.11. sich zu einem Date getroffen. Liebe dich Schatz

Quelle: Blick am Abend, Schatzchästli, 2011

Youtube (2005), das für audiovisuelle Genres und Channels genutzt wird, der Kurznachrichtendienst **Twitter** (2006), der Follower mit Meinungen und Informationen bedient, das Individualblog-Portal **Tumblr** (2007), das für alle Datentypen geeignet ist, und **Instagram** (2010), auf dem Fotos und Videos bearbeitet und geteilt werden.

Die kommunikativen Möglichkeiten variieren zwischen den einzelnen Diensten, aber auch die Nutzerinnen und Nutzer zeigen unterschiedliche Vorlieben.

Wenn heute Erfahrungen, Fotos oder Musik mit einem **Smartphone** (mit)geteilt werden, ist dies möglich, weil die Technik der Geräte es mittlerweile erlaubt, jederzeit von unterwegs auf das Internet zuzugreifen.

Dabei wird eine mobile App verwendet, die bestimmte Funktionen des Dienstes umsetzt. Während in einem **Online-Messenger** wie **WhatsApp** (2009) Interaktionen, Bilder und Links verschickt werden, wirkt der Instant-Bild-Messenger **Snapchat** (2011) eher als Fotoprompter, der **Selfies** und andere Schnappschüsse auf den Geräten der Freunde für einen kurzen Zeitraum anzeigt, bis sie wieder ausgeblendet werden. Beim Online-Dienst **Instagram** (2010) hingegen werden Fotos oder Videos bearbeitet und auf einer Plattform mit Freunden geteilt.

Das Smartphone wird durch diese Dienste um einen interaktiven Bereich erweitert, der die Funktionen von Fotokamera, Aufnahmegerät, Filmkamera und Schreibmaschine, Telegramm-Automat, Videotelefon und Fernseher ins Exponentielle steigen lässt. Mensch und Medium gehen dabei ineinander über. Ob und in welchen sozialen Netzwerken ich präsent bin, ist nicht eine Frage meiner Neigung oder Vorliebe. Wer an der Welt teilhaben will, wählt seine Kommunikationswege so, dass Freunde, Bekannte und Arbeitskollegen bei Bedarf kontaktiert werden können und, was kaum weniger wichtig ist, dass man für sie erreichbar ist. Diese Weichenstellungen betreffen in der Folge den **Medienauftritt,** der als mediale Facette der persönlichen Identität bzw. Identitätsinszenierung nach bestem Vermögen medial gestaltet wird.

Dieselben Überlegungen beschäftigen in entgegengesetzter Richtung. Die Aktivitäten und Pläne in der realen Welt sind im Hinblick auf den Facebook-Account zu planen. Denn was man tut, anzieht und mit wem man ausgeht, wird mehr und mehr auf das **Posting-Potenzial** hin überprüft. Beim Flanieren durch die Stadt denkt man darüber nach, wo ein tolles **Selfie** zu schiessen wäre, das in der Folge in den sozialen Medien (bei Snapchat, im Instagram-Account oder in Facebook) gepostet und geteilt wird und das die Freunde in der Folge so sehr beeindruckt, dass sie es »liken«. Beim Selfie wird die Pose, die Mimik und der Ausdruck im Hinblick auf die Publikation in den sozialen Medien gewählt. Exakt mit diesem

Social-Media-Blick liest man folglich auch die Postings der anderen. Dabei vermischt sich auch im intimsten Kontext das Denken und Fühlen mit der medialen Realität. In den Kommunikationsformen des Web 2.0 finden sich verschiedene Facetten von **»Mündlichkeit«:** einmal Spontaneität und mediale Beschleunigung, dann wieder Umgangssprachlichkeit, Dialoghaftigkeit oder Informalität.

Eine **Spontaneität** macht sich in einer geringeren Informationsdichte, Komplexität und Planung, oft aber auch in abweichenden Formen der Schriftlichkeit bemerkbar, die zu Ellipsen, Satzabbrüchen (»Was kann das ...«), Ein-Wort-Äusserungen (»Grandios!«, »Toll!«) und Gesprächswörtern (»Mmh«) neigt. Diese sind bisweilen auch der medial-dialogischen **Beschleunigung** geschuldet, die hier eine zwiespältige Rolle einnimmt: Denn während die hohe Geschwindigkeit auf der einen Seite zu einer unkontrollierten Schreibe führt, konstruiert sich im raschen Hin und Her eine raum-zeitliche Nähe, die das Medium hinter dem Dialog beinahe verschwinden lässt. Manchmal scheint es, als ob im Schreiben direkt aus der gesprochenen Sprache heraus formuliert wird. Dies wird in der Deutschschweiz durch die Verwendung der **gesprochenen Umgangssprache,** des **Dialekts,** besonders deutlich.

Beim Chat wiederum, der bisweilen als **»getipptes Gespräch«** bezeichnet wird, findet sich eine medialisierte Form der Dialoghaftigkeit, die einem dem Gespräch angelehnten Modus folgt. Häufig etabliert sich jedoch eine Flapsigkeit im Ausdruck als ein Verweis auf die Informalität der Kommunikationssituation.

Kapitel 1.1

WhatsApp

Schriftliche Gespräche mit dem Smartphone

Mit der leichten Verfügbarkeit von Smartphones wird das Chatten richtig populär, was auch die Nutzerzahlen belegen. WhatsApp zählt 2017 weltweit monatlich 1,2 Milliarden Nutzer. Aus dem Alltag, insbesondere dem Beziehungsalltag ist es nicht mehr wegzudenken. Die Chats erscheinen in comicartigen Sprechblasen, die neben Text und Emojis auch Screenshots, Fotos, Audioaufnahmen, Gefilmtes und Links enthalten.

Mit einem Smartphone in der Hand werden im ständigen Wechsel Botschaften gelesen, getippt, gesendet und empfangen. Selbst durch andere Tätigkeiten lässt man sich nicht abhalten, gechattet wird im Gehen und sogar beim Fahren. Es entfaltet sich ein **kontinuierlicher paralleler Kommunikationsfluss,** der neben dem lebensweltlichen Alltag eine monitorbezogene kommunikative Realität etabliert.

Die Durchdringung des Alltags erreicht dabei die innersten Bezirke. Das Chatten wird Teil der **alltäglichen Selbstinszenierung.** Vom Gerät, der Hülle, über den Monitorhintergrund bis zum Profilbild und den Nicknamen der Kommunikationspartner baut man sich die Welt, wie sie denn gefällt.

Quelle:
Liebesbriefarchiv, 2015

Aufgrund der fast unbegrenzten Zeichenmenge bei WhatsApp, notabene in einer Höhe von 8192 Zeichen, und der geringen Kosten scheut man sich nicht, auch Unwichtiges und Nebensächliches zum Thema zu machen. Unwichtig und nebensächlich sind die Themen aber nur auf den ersten Blick – denn sie erfüllen eine essenzielle **Funktion der Beziehungspflege.**

Dennoch variieren die Plauderchats je nach Vorliebe und Bedarf der Beteiligten. Während der Aufbauphase kommt es nicht selten zu einem kontinuierlichen Austausch von Gefühlen, wenn das Gefühl im Moment des Fühlens eingefangen und zeitgleich zum Ausdruck gebracht wird. Bei gleichzeitiger Präsenz gehen die Beiträge in Sekundenschnelle hin und her, der Austausch wird wie **ein intensives Gespräch** erlebt. In solch schnellen Wechseln werden die Beiträge kürzer und auch stärker in das interaktive Geflecht eingebunden.

Andere wiederum verwenden WhatsApp eher gegen den Trend und verzichten auf die Möglichkeit des direkten Austauschs, sondern kommunizieren stärker in Statements.

Im Mittelpunkt stehen hier kommunikative Zwecke, wie Einkäufe oder Erledigungen zu koordinieren, ein Treffen zu vereinbaren, jemanden einzuladen, sich zu entschuldigen oder eine Frage zu beantworten, wie man es von der SMS her kennt:

Quelle: Liebesbriefarchiv, 2006

Bei der individuellen bildlichen Gestaltung des WhatsApp-Chats entscheidet jeder selbst, welches Profilbild er publizieren möchte, und fürs Lesen wählt man einen mehr oder weniger individuellen **Monitorhintergrund** aus. Nach aussen stellt sich die Frage, im Sinne des Identitätsmanagements, welches Bild im **Profil** der anderen angezeigt wird. Wie wichtig die Wahl des Profilbilds ist, erkennt man daran, dass bei Neuigkeiten für die Freunde eher das Bild aktualisiert wird als die Statuszeile.

Frauen wählen bisweilen ein Bild, das sie selbst in den Armen ihres Partners als **Ehefrau** oder **Partnerin** zeigt. Damit heben sie hervor, dass sie gebunden sind. Oder es wird ein **Hochzeitsbild** gewählt, das vielleicht kürzer zurückliegt und verdeutlicht, dass das Paar frisch vermählt ist und die beiden sich darüber freuen.

Quelle: privates WhatsApp-Profil

Es handelt sich um verschiedene Formen der Bildkommunikation, die in WhatsApp und teilweise auch in Facebook bereits zur Normalität geworden ist.

Ohne weitere Anstrengung werden **visuelle Zeichen** über die Tastatur in die Sprechblasen eingefügt, wodurch eine Art verbal-visueller Mischcode entsteht. Die **Smileys und Emojis** verleihen den Botschaften nicht nur eine spielerische und heiter farbige Note, sondern sie übernehmen eine wichtige kommunikative Rolle.

Es liegt nahe, sie als einen Versuch zu sehen, ein Lächeln oder Küsschen nachzutragen.

Nonverbale Ergänzung

Quelle: Liebesbriefarchiv, 2013

Bisweilen bilden sie eine **Zäsur,** sind als Pausenzeichen eingefügt und verleihen dem Textbeitrag eine rhythmische Struktur. Weitaus am häufigsten jedoch **bewerten** sie einen Beitrag des Gesprächspartners, etwas Gesagtes oder ein Bild beziehungsweise sie bewerten, unterstützen und bekräftigen eine eigene Äusserung.

Bewertung des eigenen und fremden Beitrags

Quelle: Liebesbriefarchiv, 2013

Zentral für die WhatsApp-Nachrichten ist die Qualität der kommunikativen Verbindung, die sich in einigen Punkten von anderen digitalen Diensten unterscheidet:

Da ist einmal die Sichtbarkeit des Chats zu nennen, die eine materielle **Kontinuität** darstellt, die bestehen bleibt. Es gibt keine Notwendigkeit für eine Beteiligung durch aktives Chatten der Teilnehmer. Dabei haben diese den Eindruck eines **andauernden Dialogs,** was sich auch daran zeigt, dass der Grossteil der einzelnen Beiträge kaum je durch eine explizite Gruss- oder Anredeformel eingeleitet wird.

Über einen weiteren Aspekt der **Anwesenheit** informiert die **Statusmeldung,** die angibt, ob die andere Person gerade online ist oder wann sie es zum letzten Mal war (zul. online TT.MM.JJ). Zudem kann man auch einsehen, dass gerade eine Nachricht geschrieben wird (schreibt ...), was bisweilen zu einer Aufsplittung der Botschaften in mehrere Blasen führt.

Durch die blauen Häkchen wird ausserdem eine weitere metakommunikative Ebene, die **Lesebestätigung,** zum Ausdruck gebracht, d.h., dass der Kommunikationspartner die Nachricht gelesen hat.

Durch die Feststellung der Schreibproduktion der anderen wird ein nicht unbedeutendes Momentum von **Simultaneität** geschaffen, das die neue Kommunikationskonstellation doch um einiges komplexer werden lässt.

Für Paare ist dies allerdings sehr nützlich, vor allem wenn – bei einer räumlichen Trennung – das Chatten für das Halten des Kontakts verwendet wird. Wenn die Teilnehmer auch ohne kommunikative Aktivität in dauerhaftem Kontakt aufeinander bezogen bleiben, gelingt mit WhatsApp wohl so etwas wie die kommunikative **Quadratur des** (kommunikativen) **Kreises.**

Kapitel 1.2

SMS

Oder »Grüsse verschicken, ohne einen Roman schreiben zu müssen«

Per SMS sendet man einen kurzen Liebesgruss, sucht einen gemeinsamen Termin oder wünscht »gute N8«. Sie dienen mehrheitlich der Pflege sozialer Kontakte. Da zu Beginn noch mühselig Buchstabe für Buchstabe in die Mobiltelefone getippt werden musste, bediente man sich bald schon der bereits in Chat und E-Mail etablierten Abkürzungskultur des Netzes – »ly« und »ild ‹3!!!«.

Der **Short Message Service** dient in den Zeiten der ersten Handys der Versendung von Kurzmitteilungen mit dem Mobiltelefon. Nach Austausch der Handynummer ist das Kommunizieren per SMS im Rahmen von 160 Zeichen gegen eine Gebühr möglich, sobald ein Mobilfunknetz zur Verfügung steht. Die schnelle Kommunikation, die per E-Mail und Chat an den Computer gebunden ist, kann nun von unterwegs mit dem Mobiltelefon erfolgen. Das handliche Handy begleitet seinen Besitzer wohin auch immer.

Dabei werden die Buchstaben über die Zifferntastatur eingegeben. Das **Grüssen und Gratulieren per SMS** wird mehr und mehr auch zu einem Momentum sozialer Distinktion und gleichzeitig ein Ritual der Masse. Regelmässig stürzen zum Jahreswechsel die SMS-Dienste wegen überlasteter Netze ab. Mit der Verbreitung der Smartphones kommt es 2012 zu einem starken Rückgang der SMS beziehungweise zu einer Überlagerung von Messenger- und SMS-Kommunikation.

Quelle: Liebesbriefarchiv, 2001

Da die SMS zu Kürze verpflichtet, wird von den Nutzerinnen und Nutzern die globale **Abkürzungskultur** der Chats und E-Mails weiterentwickelt und in die eigenen Sprachen übertragen: englisch ly = love you wird deutsch ld = liebe dich und schweizerdeutsch hdg = ha di gärn. Es gibt auch Abkürzungen, die neu entstehen.

Neben SMS-Interaktionen, die sich bei einem Flirt zu längeren **SMS-Gesprächen** entwickeln können, finden sich nicht nur kurze Nachrichten, sondern auch kurze kommunikative Sequenzen. Sie laufen sehr selten über mehr als vier Nachrichten:

Chunnsch hüt no is Pyri?

Ja, wenn?

8?

ok

Quelle: Liebesbriefarchiv, 2006

Einen Fünftel machen Sequenzen zu drei Nachrichten aus (Frage-Antwort-Bewertung/Dank), doch mit 50 Prozent am häufigsten sind die paarigen Botschaften (Frage-Antwort; Ankündigung-Zusage).

Bin im Tiefebrunne

Supi, chume au grad!

Quelle: Liebesbriefarchiv, 2006

Diese sind nicht beliebig, sondern an bestimmte kommunikative Zwecke gebunden. Zentral ist die **Kontaktaufnahme,** die in ihrer Direktheit etwas brüsk empfunden wird, daher entwickelte sich das »Anklopfen«: »Dihäi?« – »In 20 min«. Hier wird eine Mitteilung gesendet, um zu sehen, ob jemand kommunikationsbereit ist.

Neben **Mitteilungen** und **Berichten** ist die Gattung der **Kurzkontakte** nicht nur stark verbreitet, sondern damit werden für die Liebeskommunikation neue Praktiken und Rituale entwickelt: Liebeserklärungen, Guten-Morgen- und Guten-Abend-Wünsche.

Quelle: Liebesbriefarchiv, 2002

Wohl durch die Beschränkungen der Zeichenzahl werden die Nutzer zu sprachlicher Kreativität angeregt. Dies etabliert einen sprachreflexiven Prozess, der zu einer grösseren Sprachbewusstheit führt. In der Folge werden in kurzen SMS nicht nur Sprachen gemischt, sondern auch Dialekt (»Bierli«), Regionalsprache (»spede« für später) und Schriftdeutsch.

4 Minuten später:

Quelle: Liebesbriefarchiv, 2006

Doch auch in der Liebesbeziehung liegt eine Motivation zur **Sprachschöpfung.** Liebende geben ihren Geliebten einen Kosenamen, mit dem sie ihn anschreiben (Amor, Bubu) und unterzeichnen auch mit dem ihnen verliehenen Kosenamen (Bubi). Die Sprachschöpfungen zeigen nach aussen die Intimität an, nach innen konstruiert sich damit die Paar-Identität.

Kapitel 1.3

Facebook

Bühne frei für die Liebe: produktiv, rezeptiv und interaktiv

Facebook ist eine potente Plattform für soziale Beziehungspflege, die auch für Liebende eine Reihe an verbalen, visuellen, audiovisuellen und auditiven Darstellungsmöglichkeiten bietet. Bedeutend sind die unterschiedlichen Postings auf der Pinnwand und die Reaktionen darauf. Diskussionsstoff geben auch die Beziehungsstatus-Meldungen.

Wer einen Blick in einen **Facebook-Account** wagt, entdeckt dort als Erstes die imposante fotografische Selbstdarstellung der Nutzer in Profil- und Titelbild. Hier stellt sich die Person in einer grossformatigen Fotografie in Kombination mit einem kleinformatigen, quadratischen Selbstporträt dar. Die Bilder sind aufeinander abgestimmt und werden bisweilen von einer **Statusmeldung** gestützt. Man ist bedacht, sich von einer positiven Seite darzustellen, der Kreativität sind keine Grenzen gesetzt.

Quelle: Facebook, 2017

Das Zentrum des interaktiven **Austauschs** auf dem Facebook-Account bildet die Pinnwand. Es handelt sich dabei um ein **Forum,** in dem die Inhaber des Accounts in Bildern ihre Erlebnisse und Gedanken den zugelassenen »Freunden« in Form von Fotos, Musik oder Links zur Darstellung bringen.

Wird eine Nachricht oder ein Schnappschuss auf **Facebook** publik gemacht, interessiert man sich für die Likes und Kommentare, die dazu eingehen.

Die Freunde bewerten diese Postings durch positive Kurzkommentare wie zum Beispiel »es wunderschöns paar« oder »sehr schön 🙂«, was bisweilen ein Dankeschön »Merci aune zäme! 🙂« nach sich zieht. Die vielbeschworene Interaktivität von Facebook hält sich in Grenzen.

Im multimedialen Arrangement auf der Facebook-Plattform erhalten kleine liebevolle Gesten bisweilen durch die Veröffentlichung und **Mehrfachadressierung** ein unangemessenes Gewicht. Im Beispiel gratuliert der Mann seiner Ehefrau mit liebevollem Humor zu einem ungewöhnlichen Jubiläum. Leidenschaftlich bedankt er sich zudem für die gemeinsame Zeit und teilt mit uns allen eine hübsche Fotografie des Paars bei der Hochzeit.

Wenn hier im **inneren intimen Rahmen** zwischen den beiden Beteiligten die Nachricht durchaus charmant wirkt, gilt dies nicht in jedem Fall auch für den äusseren Rahmen. Hier geraten die Zuschauer bei der **Rezeption** dieser Liebeserklärung vielleicht in Verlegenheit.

Der Schreiber allerdings schützt die Rezipienten auf eine interessante Weise vor allzu grosser Nähe, indem er sowohl in den Formulierungen wie im Bild sehr **stereotype Formen** wählt. Die Stereotypie verweist zwar in den vertraut-inti-

Rolf Leisi mit Susi Leisi-Zumbühl
15. April 2016

Liebe Susi,
heute vor genau 10'000 Tagen haben wir in der Burgkappelle St. Michael geheiratet.
Ich möchte keinen einzigen Tag missen und ich würde wieder „ja" sagen.
Ich han dich mega fescht gärn und freue mich uf di nöchste 10'000 täg zäme mit Dir und Eusere Tochter.
Dine Herr Hasi ♥

63 16 Kommentare

Quelle: Facebook, 2016

men Rahmen hinein, doch zeigt sie nach aussen gerade nicht das Verborgene oder das Geheimnis, sondern vielmehr eine Offenheit und Vagheit, die unspezifisch bleibt und Intimität maskiert.

Vielleicht gelingt ihm einzig durch den Sprachwechsel in den **Dialekt** nicht nur eine Zäsur, sondern auch der Verweis auf seine eigene Stimme, die er seiner Botschaft verleiht.

In krassem Unterschied zur Kreativität bei der Ausgestaltung des Facebook-Profilbilds steht die Angabe des **Beziehungsstatus.** In diesem Feld wird eine vorgefertigte Liste angeboten. Zur Wahl stehen: **»In einer Beziehung«**, »Verlobt«, »Verheiratet«, »In einer eingetragenen Lebenspartnerschaft«, »In einer offenen Beziehung«, »In einer Lebensgemeinschaft« sowie **»Single«**, »Es ist kompliziert«, »Getrennt«, »Geschieden« und »Verwitwet«. Damit wird den Userinnen und Usern eine Rationalität abgefordert, die gerade in Liebesbeziehungen kaum zu leisten ist: Bin ich denn schon »In einer Beziehung«, wenn ich nicht mehr »Single« bin? Oder: Schliesst sich »Verheiratet« und »Es ist kompliziert« denn tatsächlich aus?

Hat man aber seinen Beziehungsstatus zu »In einer Beziehung« geändert, wird dies von den »Freunden« kommentiert, in der Regel positiv, und Facebook doppelt gleich nach und schlägt die **Verknüpfung** mit der Partnerin oder dem Partner vor, sodass man miteinander verlinkt wird. Setzt man dies um, erhält der nun neu mit einem verlinkte Mensch die Anfrage, ob er die **Beziehung bestätigen** möchte. Diese überexplizite – absichernde – Art der Beziehungsdarstellung wird in der Folge dadurch gekrönt, dass diese Paare automatisch eine gemeinsame **Partner-Chronik** erhalten. Zudem kann man das Jubiläum angeben und Facebook gratuliert dann jeweils zum Jubiläum.

Facebook ist daher nicht nur für die Paar-Darstellungen nach aussen wichtig, sondern es unterstützt die Konstruktion der Bande auch nach innen, was für den Aufbau einer gemeinsamen Paar-Identität wichtig ist.

Nicht nur sprachlich formulierte Facebook-**Liebeserklärungen** enthalten viele für die Internetkommunikation typische Merkmale wie Smileys und Herzchen, expressive

Gross-Schreibung, Wiederholungen von Satzzeichen und Buchstaben, Abkürzungen und Sonderzeichen, sondern auch die Fotografien, die Musik und audiovisuelle Materialien sind aufs Engste mit der **Internetkultur** verknüpft.

Besonders imposant sind die Fotografien und Symbolbilder, die in Bilderarchiven gefunden werden und als Bildzeichen die allgemeine Gefühlslage, aber auch Stimmungen oder eine Laune zum Ausdruck bringen. Dabei wird auf **Bildstereotypen** zurückgegriffen, die teilweise der abendländischen Symbolik entstammen wie zum Beispiel die Rose, das Herzbild, das Paar, doch finden sich auch Bezüge auf eine neuere Motivik, die aus den populären Medien bestens bekannt sind wie der Sonnenuntergang oder Spuren im Sand.

Quelle: Facebook, 2017

Kapitel 1.4

Twitter

Liebeserklärungen vor »Zeugen«

Wenn sich Liebespaare Social-Media-Plattformen wie Twitter zunutze machen, entstehen neue Möglichkeiten der Kommunikation sowohl untereinander wie auch mit der Öffentlichkeit. Twitter ist als Informationsverbreitungsplattform eher für prominente Paare wichtig, weil sie damit den Paar-Status bestätigen und durch Re-Tweets einen Nutzen daraus ziehen können.

Anders als auf Facebook sind bei Twitter Vorkehrungen zum **Schutz der Privatsphäre nicht vorgesehen.** Jeder Tweet ist, ganz egal, von wem er verfasst und an wen er gerichtet wurde, von Menschen mit Internetzugang einsehbar, dazu ist nicht einmal ein eigener Account bei Twitter notwendig.

Es ist daher davon auszugehen, dass Liebesbotschaften nicht trotz, sondern vielmehr gerade wegen dieser **globalen Sichtbarkeit** an den Partner auf Twitter gepostet werden, damit sie von ihren Followern gelesen und idealerweise retweetet, also weitergeleitet werden. Der einzelne Tweet kann ferner mit einem Schlagwort, einem sogenannten **Hashtag** (Rautezeichen), versehen werden, was die Nachricht im Internet thematisch zuordnet, sodass auch eine Abfrage oder Suche nicht einzig nach Terminen, Personen und Lokalitäten, sondern auch nach Themen und Ereignissen ermöglicht wird: zum Beispiel #valentines.

Quelle: Twitter, 2017

Auch die sprachlichen Formulierungen zeigen an, dass die Tweeter ihre Follower ganz bewusst über ihre Partnerschaft informieren, denn in vielen Tweets wird über die Partnerin oder den Partner gesprochen, diese aber nicht adressiert. »Thanks a lot for the offer, but the best partner I had already by my side«, schreibt Bob De Rino mit einem Bild von der Top Gala am 2. Mai 2017, das ihn zusammen mit Shosha De Rino-Singer zeigt. In manchen Tweets gibt es eine Adressierung mit dem @-Zeichen, aber in der konkreten Nachricht wird über diese Person berichtet, wie zum Beispiel »Happy valentines day to **the love of my life«** statt »to you«. Dann wieder wird die Adressierung gemischt. Im ersten Satz spricht man über den Partner und im nächsten Satz dann mit ihm. Wie in Facebook wird auch in Twitter meist ein Geschenk, ein Geburtstag oder ein Jubiläum zum Anlass eines Beitrags.

Quelle: Twitter, 2017

Generell vermittelt die öffentliche Liebesbezeugung, dass es nicht ausreicht, wenn die Liebe dem Gegenüber bloss glaubhaft kommuniziert wird, sondern sie sollte überdies zuverlässig und beständig vermittelt werden, was durch die Gegenwart von anderen Menschen, also durch **Zeugenschaft,** zu erreichen ist.

Dabei wird die zusätzliche **soziale Verankerung** deutlich, denn Liebeserklärungen vor »Zeugen« sind sozusagen doppelt verpflichtend, einmal gegenüber der Person selbst, und dann auch gegenüber den **Zeugen der Liebeserklärung.** Schaut man sich die Tweets an, so erkennt man unverzüglich, dass auch die prominenten User ihre Liebeskommunikation der **Öffentlichkeit** des Mediums anpassen, denn sie **vermeiden** zu intime oder persönliche **Tweets,** sondern zeigen in stereotypen Formulierungen ihre Dankbarkeit und finden lobende und andere positive Kommentare zu unverfänglichen Bildern.

So nutzen die Menschen diese Plattform eher dazu, sich als Teil einer partnerschaftlichen und harmonischen Liebesbeziehung darzustellen, was die Partnerschaft selbst festigen dürfte, da man dem Partner coram publico zusichert, dass man es ernst meint. Doch auch diese Form des Identity-Managements gelingt – gerade bei Konflikten – nicht immer.

Kapitel 1.5

E-Mail

Elektronische Korrespondenz führt zu einem Liebesbrief-Boom

Liebesbriefe sind im 20. Jahrhundert vieles: Brautbriefe oder Zettelchen, Berichte aus dem Alltag von Schülerinnen und Schülern, aber auch E-Mail-Briefe und -Korrespondenzen im Internet und Flirtbotschaften, die als Mail verschickt werden. Mit der E-Mail wird in den 1990er-Jahren sogar ein Briefeschreibe-Boom ausgelöst, der erst mit der Erfindung des Smartphones nach und nach wieder abebbt.

Liebeserklärungen, die per E-Mail verschickt werden, gleichen stark den handschriftlichen Liebesbriefen. Beim Lesen und Schreiben am Computer aber unterscheiden sie sich schon durch die Art der Textproduktion oder -rezeption. Der Text wird nicht auf eine leere Seite, sondern in eine **Schreibmaske** bestehend aus einem gegliederten Briefkopf und einem Briefteil getippt.

Da die Briefmaske an geschäftlicher Korrespondenz ausgerichtet ist, enthalten die elektronischen Liebesbriefe auch einen Betreff wie zum Beispiel »Noch mehr Küsse« oder »Für mis chline Müsli«, was deshalb irritiert, weil es eben doch an den Geschäftsbrief erinnert. Schliesslich aber wird die Liebesbotschaft durch einen Mausklick auf den Sende-Button sehr komfortabel und in den meisten Fällen auch preiswert befördert.

Heinz Müller
An: Jenny@home.de
Betreff: Für mis chline Müsli
Datum: Dienstag, 6. Januar 1996 19:48

Hallo mis Müsli

Also hier doch ein ganz kurzes Mail von mir. Obwohl ich Dir eigentlich schon fast alles am Telefon gesagt habe, glaube ich fast, dass ich das wichtigste vergessen habe zu sagen.
Ich liebe Dich sehr! Und ich vermisse DICH noch viel mehr.

Ich kann einfach nicht mehr ohne Dich sein. Schön dass es Dich gibt, auch wenn ich nicht immer der einfachste bin, ist der Kern in Ordnung und mein Herz gehört ganz alleine Dir.

Also wir hören uns heute Abend noch am Telefon.

Bis bald

Heini der grosse Mondrüssler und
Gustav der kleine Mondrüssler

Quelle: Liebesbriefarchiv, 1996

Dies ändert nichts an der Tatsache, dass solche Briefe für die Beteiligten durchaus ein Ort des gegenseitigen Kennenlernens sind und wie handschriftliche Texte wirken. Auch in den mit dem Computer verfassten Schreiben tauscht man sich aus, schickt sich Küsse und Umarmungen. Es wird über den Alltag, von Erlebnissen und Erfahrungen berichtet, und in den Erzählungen wird dem anderen die eigene Emotionalität vor Augen geführt. Man erzählt von der Familie und bespricht gemeinsame Pläne.

Diese Selbstdarstellungen sind nicht selten ausführlich und die Häufigkeit des Briefwechsels kann auf mehrere Mails pro Tag ansteigen, wie dies ähnlich auch schon im 19. Jahrhundert bei den Liebeskorrespondenzen zu beobachten ist. Obschon die beinahe simultane Interaktion damals nicht möglich war, liess das Korrespondieren bei den Beteiligten eine Art virtueller Leidenschaft entstehen.

Bei den E-Mail-Liebesbriefen lassen sich zwei funktionale Typen unterscheiden. Neben dem an den handschriftlichen Brief angelehnten **virtuellen Pendant** gibt es auch sehr spontane **Flirtbriefe,** die in einem raschen Wechsel hin und her gehen, sodass der Eindruck simultaner und aktualer Kommunikation entsteht, wie man sie aus der Mündlichkeit kennt. Flirtbriefe ahmen genau diese mündliche Flirtkommunikation nach. Mit erotischen Anspielungen und Namen werden Spannungen und Erwartungen aufgebaut. Die Fantasien bleiben aber eher andeutungshaft, bisweilen ohne klare Zielrichtung. Mit einer gewissen Verwirrung wird kokettiert und die Auslassungspunkte sollen letztlich beim Leser die Gedanken schweifen lassen.

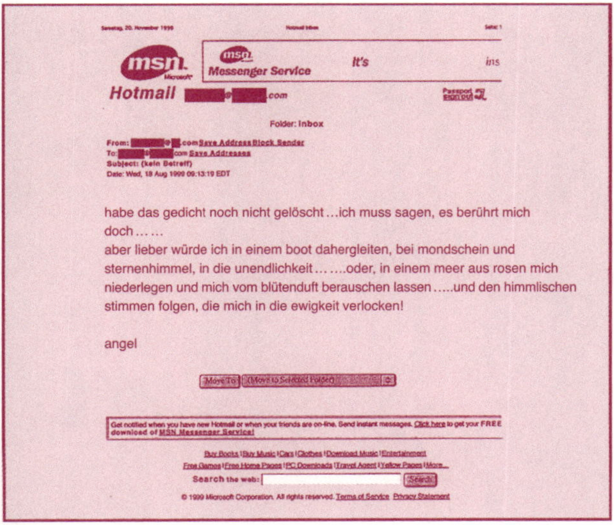
Samstag, 20. November 1999 Hotmail Inbox Seite 1

msn Microsoft Messenger Service It's ins

Hotmail [redacted]@[redacted].com Passport sign out

Folder: Inbox

From: [redacted]@[redacted].com Save Address Block Sender
To: [redacted]@[redacted].com Save Addresses
Subject: (kein Betreff)
Date: Wed, 18 Aug 1999 09:13:19 EDT

habe das gedicht noch nicht gelöscht…ich muss sagen, es berührt mich doch……

aber lieber würde ich in einem boot dahergleiten, bei mondschein und sternenhimmel, in die unendlichkeit……oder, in einem meer aus rosen mich niederlegen und mich vom blütenduft berauschen lassen…..und den himmlischen stimmen folgen, die mich in die ewigkeit verlocken!

angel

Move To (Move to Selected Folder)

Get notified when you have new Hotmail or when your friends are on-line. Send instant messages. Click here to get your FREE download of MSN Messenger Service!

Buy Books | Buy Music | Cars | Clothes | Download Music | Entertainment
Free Games | Free Home Pages | PC Downloads | Travel Agent | Yellow Pages | More...
Search the web: Search

© 1999 Microsoft Corporation. All rights reserved. Terms of Service Privacy Statement

Quelle: Liebesbriefarchiv, 1999

Kapitel 2

Digitale Schriftlichkeit

Das Schreiben ist mit der Digitalisierung der Kommunikation eine vielgestaltige Tätigkeit geworden. Auf technischer Ebene bildet sich eine Geschichte von Tastaturtypen, Monitorformaten und Darstellungsweisen des Computers und Smartphones. Unter Verwendung verschiedener Zeichentypen zwischen Schrift, Bild, Ton und auch audiovisuellen Formaten bilden sich im digitalisierten Alltag ausserdem verschiedene neue Schreibnormen zwischen Dialekt und Hochsprache.

Wenn auch eine **Vorstellung von Sprache** als Kommunikationsmittel vorherrscht, ist die eigene geschriebene oder gesprochene Sprache immer auch **kultureller, sozialer und individueller Ausdruck.** Dies bedeutet nicht weniger, als dass durch den Gebrauch der Sprache durch kommunikative Praktiken in jeder Äusserung Mitteilungen gemacht, Verbindungen und Beziehungen hergestellt, gefestigt oder abgebaut und die je eigene kulturelle, soziale und persönliche **Identität** und **Zugehörigkeit** zum Ausdruck gebracht werden. Meist werden alle diese Aspekte parallel realisiert.

> Mi Amor, hüt isches sowit..
> 1 jahr mitem beste Mensch uf dere Welt zeme. Lieb dich über alles, du bisch s'Beste! So tu para sempre.
> ❤ ❤ V.V.MMXVI

Quelle: Blick am Abend, Schatzchästli, 2016/2017

Aus Anlass eines Jubiläums, das öffentlich gemacht wird, bestärkt diese Liebeserklärung die Beziehung. Die Kosenamen bringen den Leserinnen und Lesern darüber hinaus die Intimität der Beziehung zum Ausdruck und die verwendeten Sprachen (Dialekt und Portugiesisch) verweisen auf deren kulturelle Zugehörigkeit oder Vorlieben.

Wenn man auch lange Zeit davon ausging, dass es eine einzige Schriftsprache gibt, weiss man heute, dass seit den Anfängen deutschsprachiger Schriftkultur in den Regionen unterschiedliche Schriftsprachen verwendet wurden.

Mit der zunehmenden Normentoleranz im letzten Viertel des 20. Jahrhunderts und im Kontext der Digitalisierung hat sich in vielen Regionen neben der Schriftsprache, die als Standardsprache akzeptiert ist, eine Dialektschriftlichkeit etabliert, die heute weit über die Gruppe der »Digital Natives« hinaus in privaten und informellen Situationen eine Normalität darstellt und relativ frei geschrieben wird.

Das **Tastaturschreiben** ist mit dem Blick auf Schreibmaschine und Computer eng mit dem **Zehnfingersystem** verbunden. Neuere Systeme, mit fünf Fingern, haben sich für die Computer bisher nicht durchsetzen können. Ganz anders sieht es bei den Handys und Smartphones aus. Mit den Handys wurden zwischenzeitlich **verschiedene Tastaturtypen mit komplexer Mehrfachbelegung** eingeführt, die vom Smartphone wieder aufgehoben wurden.

Quelle: Liebesbriefarchiv, 2006

Nokia 6300-Tastatur mit Mehrfachbelegung:

Bei den Smartphones ist es durch **Umschalttasten** (Zahlzifferntaste, Welttaste) möglich, weitere **Zeichen, Ziffern** und **Emojis-Sortimente** dazuzuladen und diese direkt in den Text einzubauen.

Qwerty-Tastatur der Smartphones:

Die Texte in Chats werden vielfach als »getippte Gespräche« betrachtet, wie dies sinnvollerweise bezeichnet wird. Tatsächlich erinnern die Interaktionen an Gespräche, doch sind sie deswegen nicht mündlich, sondern sie bleiben in ihrer stilistischen Ausprägung schriftlich und eignen sich zum Beispiel auch nicht als Vorlesetexte.

Trotzdem kommt es zu einer Überlagerung von Mündlichem mit Schriftlichem. Dies führt dazu, dass neuerdings auch die schriftliche – medial zerdehnte – Kommunikation als dauerhaft und kontinuierlich erfahren wird.

Diese Kontinuität macht sich vor allem dann bemerkbar, wenn die Teilnehmer sich bei einem begonnenen Chat auch nach einer Unterbrechung nicht so verhalten, als ob sie von Neuem beginnen würden, sondern weiterfahren, als ob sie den Chat nur kurz unterbrochen hätten.

Auszug aus einem Flirtchat

<usher> hay wie jung
<usher>?
ziemlich
<usher> wie alt
18
du?
<usher> 22 schlimm
<usher>?
warum schlimm?
<usher> ja 4 jahr elter
<usher> nöd schlimm
vo wo bisch?
<usher> sg du
zh
<usher> bisch solo
<usher>?
nei .. und du?
<usher> ja hesch msn*

* msn=messenger

Quelle: Liebesbriefarchiv, 2005

Ein Grund für die exponentielle Vervielfachung der Schriftkommunikation in verschiedenste Felder, die bisher als Bereiche der mündlichen Kommunikation galten, liegt einerseits an der Verfügbarkeit der Smartphones, die als mobile Geräte von überall her zum Einsatz kommen, sodass man zeitgleich auch an entlegenen und entfernten kommunikativen Prozessen teilnehmen kann. Andererseits setzt sich das Schreiben auch deswegen durch, weil es viele Vorteile mitbringt: Man kann die Kommunikation entschleunigen und sich mit einer Antwort ein wenig Zeit lassen, man kann eine Antwort überarbeiten oder sich gar mit anderen Personen beraten. Zudem macht das Chatten, wenn man das Gerät entsprechend einstellt, keine störenden Geräusche, sodass viele Tätigkeiten ohne starke Unterbrechungen weitergeführt werden können. Ausserdem wird das Kommunikat verstetigt, geht in das Archiv der bisherigen Botschaften ein und kann als ein Teil der persönlichen Geschichte jederzeit wiedergelesen werden.

Kapitel 2.1

Hochdeutsch oder Dialekt schreiben?

Ich liebe dich – ich liäb dich – ig ha di gärn

In den sozialen Medien ist der Dialekt zur Selbstverständlichkeit geworden. In Chats gehen die Zahlen sogar gegen 90 Prozent. Bei den Jüngeren hat sich inzwischen eine Mehrsprachigkeit im Schreiben herausgebildet, sodass sie ähnlich wie in mündlichen Situationen ohne Anstrengung auch im Schreiben zwischen Hochdeutsch und Dialekt oder auch anderen Sprachen wechseln.

In **Liebesbriefen** oder **romantischen Postkarten** wird schon seit jeher an ausgewählten Stellen Dialekt verwendet. Solches **Code-Switching** signalisiert weder einen Mangel an Sprachwissen noch eine individuelle Präferenz. Denn die Wechsel werden systematisch bei ritualisierten Textelementen eingesetzt, um diese hervorzuheben, zum Beispiel bei der **Koseform** des Eigennamens (»Änneli«), bei einer **Anrede** (»Liebs trurigs Heugümperli«) oder beim Ausdruck von **Sehnsucht** und **Liebeserklärungen** (»Ha di gärn«).

Hoi mi Schatz!
Ich liebe Dich überalles! Ich danke Dir das Du immer für mich da bisch egal was isch. Danke au für dis da sie bi minere schwere Operation. Ich wüsst ned wassi ohni Dich würd mache. Du bisch mi Mann fürs Läbe! Ich wet nüme ohni Dich sie.
Schätzi ICH LIEBE DICH MEGA FESCHT
MONIKA

Quelle: Liebesbriefarchiv, 2006

Es wirkt, als ob eine innere und emotionale Stimme sprechen würde, doch nicht selten wird dabei ein Ausdruck verwendet, den es im Hochdeutschen gar nicht gibt oder der **nicht übersetzbar** scheint (»Ha längi Zyt nach dir«). Dabei wird für den Bereich der Emotionalität zugleich eine weitere »eigene« Sprache vorgeführt, eine zweite »eigene« Sprache der **kulturellen Verortung** und **Zugehörigkeit.**

> Mis Bibi 😘 ih liebe dii überaues. Mercii für das d mi immer ungerstützish 😀 bish mis ein u aues!! Weni mit dir zm bin, bini so überglückläch ❤❤ ly A.B.

Quelle: Blick am Abend, Schatzchästli, 2016/2017

Die Verschriftlichung des Dialekts geschieht in einem Wechselspiel zwischen bekannten Routinen und spontanen Problemlösungen: Dabei **orientiert** man sich auf der einen Seite **am Schriftbild des Hochdeutschen** (»**K**üsnacht«, »str**e**ng« statt »Chüssnacht«, »sträng«). Auf der anderen Seite gibt es ebenso häufig **Abweichungen vom vertrauten hochdeutschen Schriftbild, sodass das Dialektale** in den Vordergrund tritt. Dies geschieht durch die Neutralisierung von lautlichen Unterschieden (»h**e**sch **e**s«, »v**e**rspr**i**ch d**er**«) und durch Überanpassung (»fa**scht** jed**ä** morg**ä«**).

> An Eric us Küsnacht. Du hesch es grad streng, ich weiss, aber ich versprich der, dass bald alles eifacher wird! Kopf hoch und ich bin immer für dich da.

> Besch di schönstii starbucks-barrista in ganz lozern, xend üs fascht jedä morgä. Ich, grüeni ouge, caffé americano, han mi verschossä!!

Quelle: Blick am Abend, Schatzchästli, 2016/2017

Seit den 1980er-Jahren gibt es in der Schweiz (wie auch in Europa) kulturelle Bewegungen, die das Ziel verfolgen, den je eigenen »kleinen« Sprachen zu einer kulturellen Normalität zu verhelfen. In der Deutschschweiz entsteht dabei neben der **privaten auch eine öffentliche Dialektschreibkultur.**

Dialekt wird nicht mehr länger nur in privaten Briefen und Postkarten, sondern auch in öffentlichen Texten, zum Beispiel in **Literatur,** bspw. »ter fögi isch e souhung« (1979) von Martin Frank, und **Musik,** bspw. »Tschou zäme« (1981) von Span, verwendet. Dialekt steht dabei als eine Sprache neben den machtvollen Kultursprachen zum Beispiel des Hochdeutschen, Englischen oder Französischen. Dabei ist nicht einzig die Verwendung des Dialekts beachtenswert, sondern auch die veränderte thematische und ideologische Ausrichtung.

Es haben sich nun über die Ortsmundarten hinaus **Schreibkonventionen** oder Moden gebildet: für »gseh« schreibt man »xee« oder »das hesh sho kha« für »das hesch scho gha«. Es handelt sich um neue, **gruppenübergreifende Schreibungen,** die insgesamt nicht auf eine einzelne Sprache zurückgeführt werden können. Gemeinsam ist diesen neuen Schreibungen, dass sie Buchstaben **einsparen,** auch wenn dies bei den Botschaften letztlich nicht mehr relevant ist.

Wie schreiben Sie in Dialekt?

Ma oder Maa?
tröschte oder tröste?
hesch oder hesh?
Mäntig oder Mentig?
gegeübr oder gegenüber?
suche oder sueche?
Wunder oder Wundr?
hetti oder heti (hätti)?
nomol, namol?

Kapitel 2.2

Ist alles so schön bunt hier?

Bild und Schrift im Zeichen der Liebe

Vor lauter Bildern geht oft vergessen, dass auch die Schrift visuell-bildlich gestaltet ist. In den sozialen Medien aber wird das Schreiben mehr und mehr durch eine eigentliche Bildkommunikation abgelöst. Nutzer entwickeln neue fotografische und filmische Praktiken und kombinieren diese in unterschiedlichsten Funktionalitäten – von narzisstischer Selbstdarstellung bis hin zu politischem Protest.

Auf **Plattformen** werden die Texte und Bilder entlang **bestimmter Vorgaben** gestaltet. Diese setzen den Rahmen für die Einbindung von Text und Bild, wie auch von weiteren Medien. Dabei wird deutlich, dass auch Schriftlichkeit selbst vielgestaltig ist und gleichzeitig in einem Ensemble von spezifischen und unspezifischen – oft sehr standardisierten – verbalen oder visuellen Codes zustande kommt.

Bei der Lektüre ist demzufolge die Kenntnis dieser Zeichentypen zentral: Dabei stehen sprachliche Codes und spezifisch konstruierte Symbole im Fokus, die teilweise eher ikonischen Gehalt haben.

Quelle: Twitter, 2017

In dieser Kombination entstehen komplexe, durch spezifische und unspezifische Zeichen vermischte Kommunikationen, die verschiedene Bild- und Textsorten kombinieren.

Nach dem Profilbild folgt ein Kommentar, der durch die Anordnung zu einer Bildüberschrift wird: »Das Bild = unsere Beziehung«, mit tränenlachendem Smiley, gefolgt von einem Herz-Emoji. In dieser Zeile nun liest man einen sozusagen »normalsprachlichen Text«, der humorvoll als mathematische Formel strukturiert ist, in Kombination mit Internet-Emojis. Die Mischung der Codes ist hier unspezifischer, wie sie auch in WhatsApp oder Facebook anzutreffen ist. Die Mitteilung ist eine Scherzkommunikation über ihre Paar-Realität, die im Bild visualisiert wird.

Der Tweet wird in der Folge von 83 Personen kommentiert, von 178 geteilt (retweeted) und von 2,7 Tausend Twitter-Usern favorisiert (geliked).

Quelle: Twitter, 2017

Die populärste Bildgattung der sozialen Netzwerke ist das **Selfie,** das als geteiltes Digitalporträt in ausgewählter **Pose** sowohl der narzisstischen Selbstdarstellung, der Darstellung von Attraktivität und Schönheit dient, die damit auch eine Gegenbewegung zur gesellschaftlichen **Anonymisierung** des Individuums darstellt.

Bei den Selfies lassen sich unterschiedlichste Identitätsaspekte – private und berufliche – ausmachen, die sich alle paar Wochen entlang von **Selfie-Moden** verändern, die aber letztlich immer **musterhaft** unoriginell bleiben.

Selfies haben verschiedene weitere Funktionen, die dem **Dokumentieren** oder vielmehr der **Zeugenschaft** gleichkommen. Das Selfie bezeugt einen Kauf, aber auch ein **Geschenk,** meine **Anwesenheit** an einem Ort oder Anlass sowie die **Teilnahme** an einem Protest. Durch die Musterhaftigkeit konstruieren sich die Selfies dynamisch und wirken durch die Verlinkung unter einem Hashtag gruppenbildend. Nicht selten diskutieren Menschen, die einer Selfie-Mode erliegen, untereinander diese Selfies und sind letztlich auch computertechnisch unter einem Hashtag zusammengeschweisst: #duckface, #nomakeup, #messybun, #fishbraidtail.

Für Paare bietet das Relfie, das Relationship Selfie, die Möglichkeit, die Beziehungs-Identität zur Darstellung zu bringen, das gemeinsame Leben zu dokumentieren und durch die Darstellung eines beglückenden Moments anderen die Befriedigung mitzuteilen, die durch die Beziehung gewonnen wird.

Kapitel 2.3

Ein Bild sagt mehr als 1000 Worte

Smileys und Emojis in Online-Liebesbotschaften

Die kleinen Bildchen werden an unterschiedlichsten Stellen in die Liebesbotschaften eingefügt. So setzt sich der Trend zum Bild auch in der privaten Medienkommunikation durch. Am beliebtesten sind Kuss-Smileys, Küsschen-Emojis und das Herz. Anstelle der traditionellen Symbole verwenden Paare aber bisweilen auch ein anderes Bildchen als gemeinsames Beziehungszeichen.

Smileys und Emojis verleihen den Botschaften eine spielerische und heitere Note. Sie sind aber auch ein Versuch, einen bedeutungsvollen Blick, ein Lächeln oder das schamhafte Erröten – kurz die beim Schreiben vermisste **nonverbale und körperliche Ebene** – nachzutragen. So zeigt sich in romantischen Botschaften eine Vorliebe für – wen wundert's – **Kusslippen und Herzchen,** wenn auch das Tränen lachende Gesicht das weltweit beliebteste Smiley ist.

Hoi Spatz
Ich weiss, du gasch bald wieder und ich ha dir nur alles Gueti welle wünsche!
Wird di vermisse
Ha di gern

Quelle: Blick am Abend, Schatzchästli, 2016/17

Meist stehen die bunten Bildzeichen an prägnanten Stellen und bewerten das Geschriebene. Die Bildzeichen markieren im Text die für die Paarkommunikation zentralen sprachlichen Einheiten wie den **Namen** der geliebten Person oder den **Kosenamen,** die **Liebeserklärung** und auch **emotionale Momente,** wie die **Verabschiedung** am Ende des Textbeitrags.

Quelle: Liebesbriefarchiv, 2015

Gerade nach einer Liebeserklärung »Ich liebe dich« dient das **Herzsymbol** der Verstärkung des Ausdrucks der Zuneigung und Liebe.

Quelle: Liebesbriefarchiv, 2015

Durch die **Vervielfachung** des Herzzeichens wird der Ausdruck des Liebesgefühls verstärkt: »verliebt!!! ❤ ❤ ❤ ❤«. Je mehr Herzen, desto stärker ist das Gefühl.

Mimische Smileys und Emojis verweisen zwar auf der visuellen Ebene auf emotionale Zustände, aber in der konkreten Verwendung **kommentieren** oder **modulieren** sie das Geschriebene. Ein Zwinker-Smiley (;-) oder 😉) bringt meist **Humor oder Ironie** ins Spiel, das Lächel-Emoji bewertet positiv und heiter, das weinende Emoji negativ und traurig – oft auch in einem spielerischen Sinn.

Mit den **gestischen Emojis,** dem Klatsch- 👏, dem Daumen hoch- 👍 und den Umarmungs-Emojis 🤗 oder 🤗, reagieren die Schreibenden auf die Beiträge der anderen mit Applaus, mit Zuspruch und Trost oder mit Freude. Die **Verzahnung des Visuellen mit dem Verbalen** wird doch recht komplex. Eher selten aber wird ausschliesslich mit Bildzeichen interagiert.

Es werden beispielsweise Küsschen verschickt:

Quelle: Liebesbriefarchiv, 1999

Das vielfach genutzte Herz-Symbol wird im **Bedeutungsumfang bisweilen erweitert.** Im folgenden Beispiel klären zwei Freundinnen ihre Beziehung, indem mit dem gebrochenen Herz-Emoji nach der seelischen Verfassung der Adressatin gefragt wird, worauf diese in der Antwort mit dem herkömmlichen Herz-Emoji auf den (erneut) unbeschädigten Zustand ihres Herzens hinweist.

Quelle: Liebesbriefarchiv, 2013

Emoticons oder Emojis

Mit den Smileys und Emojis kann neben Gesichtsmimik und Körpergesten auch eine **Fülle an Objekten** dargestellt werden. Seien es Dinge des täglichen Lebens, Geräte, Tiere, aber auch Personen. Dies gelingt meist in Sekundenschnelle, da Smileys und Emojis wie Buchstaben durch Antippen in die Schreibzeile gelangen. Dies erinnert nur entfernt an die **Anfänge der Computerkultur,** als die »Emoticons«, wie man sie damals nannte, aus Buchstaben und anderen Schriftzeichen des ASCII-Zeichensatzes von links nach rechts laufend doch reichlich prosaisch zusammengekramt und in die Tastatur getippt wurden. Eine **Liebeserklärung** wurde beispielsweise von einer auf einer Zeile liegenden **Rose --',-',-@** begleitet, durch ein Herz-Emoticon **<3** bekräftigt oder mit einem Kuss-Smiley **:-*** abgeschlossen.

Auch wenn die Smileys damals schon aus der **Popkultur** bestens bekannt waren, erfordert es doch ein Quäntchen Fantasie, um die gezeichneten Lächel-Bildchen um 90 Grad zu drehen: So entstehen die auf der Seite oder besser **auf der Schriftzeile liegenden Lächelgesichter** in Computerschrift.

Bildcodes als globale Zeichensprache

Wenn man auch denken möchte, der **Bildcode** sei **global,** sieht man bald, dass sich im Kulturvergleich unterschiedliche Zeichentypen und Verwendungspräferenzen entwickelt haben: Während **westliche Emoticons** eher die Mundpartie betonen, heben **japanische Kaomoji-Zeichen** die Augenpartie hervor, indem sie das Gesicht gerade nicht auf die Zeile legen.

Asiatische Liebes-Emoticons

(´｡• ω •｡`) ♡   (─‿‿─)♡   ヽ(♡‿♡)ノ   (˘⌣˘)♡(˘⌣˘)   (´• ω •`) ♡

In den jüngeren japanischen Kaomoji wird für den **Kuss** oft nicht das Asterisk (*) sondern das **Herz-Zeichen** verwendet.

Emojis und Emoticons

Zudem zeigt hier die Ziffer »3« oder das griechische Epsilon den geschürzten **Kussmund** an, der jedoch von jüngeren Nutzerinnen als vulgär bezeichnet wird.

Und wenn auch bisweilen die Idee im Raum steht, dass mit **Piktogrammen** oder Bild-Zeichen eine **allseits verständliche Weltsprache** entstehen könnte, zeigen die Versuche, in den einzelnen Botschaften gänzlich auf Text zu verzichten, die Schwierigkeiten der Bildkommunikation, die in diesem Kontext nicht zielführend ist oder gar **Verwirrung** stiftet.

Quelle: Liebesbriefarchiv, 2013

Damit wird deutlich, dass die **Abbildfunktion** für das Verstehen einer Nachricht zwar relevant ist, aber dass der Teufel bekanntlich im Detail steckt beziehungsweise in den sprachlichen Details, welche die wesentlichen inhaltlichen, logischen und zeitlichen Bezüge zwischen den Bildzeichen aufbauen und erst damit einen verstehbaren Sinn einer Botschaft erzeugen.

Kapitel 2.4

ly, ild oder ihdg?

Abkürzungen zwischen Geheimschrift und Auslassungen im Satz

Abkürzungen üben eine grosse Faszination aus, denn als eine Art Geheimschrift umgibt sie eine magische Aura und gleichzeitig regen sie zur Entzifferung an. Die technischen Kürzel und Akronyme verweisen auf die menschlich gestaltete Welt des Internets, die zum Alltag geworden ist. Wenn auch Nerds und Hacker viele dieser Zeichen ins Leben gerufen haben, sind es die aktuellen Nutzerinnen und Nutzer, die den Code am Leben erhalten.

Mit den Smileys und Emojis werden **Abkürzungen** (sri für sorry), **Akronyme** (LOL) **und Rebusschreibungen** (CU = see you, N8 = Nacht) zwar seltener, doch als Geheimschrift des digitalen Raums verfügen sie über das Potenzial, in einem sozialen Verbund Zugehörigkeit zum Ausdruck zu bringen.

Dabei handelt es sich oft um Emotionsausdrücke wie zum Beispiel bei WTF (= What the f***), bekannt sind auch die metakommunikativen Hinweise wie »be right back« (BRB), »bye bye« (BB), die den Ablauf von Chats und Spielen unterstützen. Das bekannte LOL (Laughing out Loud) wurde sogar **ausgebaut,** zu ROFL (Rolling on the Floor Laughing) und zu ROFLMAO (Rolling on the Floor Laughing my Ass off).

In jüngster Zeit wurden auch **neue Abkürzungen gebildet** wie AMA = Ask me anything, BAE = Before anybody/anything else, Dafuq = What the f***, FTFY = Fixed that for you, k/kk oder kay = OK, die über Sprachgrenzen hinweg international genutzt werden, einige Codes wie HDL/hdl = Hab dich lieb, ILD/ild = Ich liebe dich, kA/ka = keine Ahnung wurden ins Deutsche übertragen. YOLO und LOL werden **sogar in mündlicher Kommunikation** in abgekürzter Form genutzt (Ok wird von vielen nicht als Okey sondern als ok ausgesprochen).

In Chats aus der Deutschschweiz finden sich neben **übersetzten Akronymen auch eine Reihe schweizerdeutscher Abkürzungen,** die neben englischsprachigen (of = offline, sri = sorry) verwendet werden.

Zwischen Wort- und Satzebene findet sich eine weitere Form der Kurzschreibung, sogenannte »Inflections«, zwischen zwei Asterisken (*) gesetzte Verbstämme wie *grins*, *nachdenk*, *seufz*, die in Chats verwendet werden. Sie sind ein Versuch, mimische oder gestische Zeichen in eine verbalsprachliche Form zu bringen. Dabei wird auf ein Prinzip

Deutschschweizer Akronyme:

wm was machsch
nv nid vil
gg gaht's guet?
bb bis bald
bn bis nachher
bm bis morn
gn gaht's no!
ggg ganz gross grins
hdg han dich gern
hdmfg han dich mega fest gern

Quelle: Liebesbriefarchiv, 2013

zurückgegriffen, das aus der Comicliteratur bekannt ist, wo lautmalerische Wörter wie »brummel« oder mimische Wörter wie »grübel« üblich sind. Nutzerinnen und Nutzer bilden auch weitere, komplexere Eigenkreationen wie *aus-der-Haut-fahr*, *ganz_feste_drück*. In Schweizer Chats kommen sie nur selten in Dialekt vor: *ganz_bös_lueg*.

Bis heute sind in Chats Auslassungen im Satzgefüge (»Ellipsen«) sehr verbreitet: Häufig wird das Subjektpronomen »ich« weggelassen wie in »chumme grad«. Oft werden zudem Präpositionen und Artikel weggelassen: »gemmer kino« oder »was gitz samstig«, »bin Langstrass«. Bisweilen auch Artikel und Hilfsverb: »stolze guet gsii, bae?« (Ist das Stolzefestival gut gewesen, Schätzchen?). Wenn auch solche Formen der Auslassung weitgehend ökonomischer Natur sein dürften, werden sie in der Öffentlichkeit gerade nicht als kluge Strategie, sondern eher als besonders fehlerhafte Sprachform wahrgenommen.

Neben der Abkürzung von Wörtern (»wg«) werden in vielen Fällen auch Äusserungen auf ein einziges Wort (zum Beispiel auf »auch« oder »dir«) reduziert. Die Frage, »Wie geht's«, wird mit dem Ausdruck »gut« beantwortet. Im gleichen Zug wird mit dem Pronomen »dir« die Gegenfrage gestellt. Die Antwort wird simpel mit »auch« gegeben. Damit hat sich's – eine Spielform neuer Sachlichkeit.

Auch wenn es so aussieht, als ob Sätze gekürzt würden, stehen die Kürzungen auf der Ebene der Interaktion. Denn sie funktionieren einzig dadurch, dass die Situation und das Wissen um den Kontext sowie das Wissen um den Ablauf von solchen Interaktionen vorausgesetzt werden kann.

Quelle: Liebesbriefarchiv, 2013

Kapitel 3

»Liebe! Liebe! Lass mich los…« Variation des Liebesausdrucks 2.0

15:38

Nicht nur die Liebe, sondern auch der Ausdruck dieses Gefühls bereitet so mancher und auch manchem Probleme. Dies liegt an der Unlogik der Sache selbst und an der Flüchtigkeit der Gefühle, doch auch die gleichzeitig günstige wie ungünstige Anlage der sozialen Medien trägt das Ihre dazu bei. So steht die Bequemlichkeit der Kommunikationsmittel in krassem Gegensatz zur Frage der Wahl des Zeitpunkts für »love talk« bzw. – schriftlichen – »love text«. Die Einschätzung der Lage mag in körperlicher Abwesenheit des anderen zwar »easy« scheinen, kann sich aber auch zum Missverständnis ausbauen.

Liebe ist nicht nur ein weites Feld, sondern sie wird oft auf die Anfänge des Verliebtseins oder die guten Zeiten reduziert. Der **Ausdruck von Liebenden** schliesst aber vom Flirt zum näheren Kennenlernen bis hin zur Paarbildung auch die Krise in der Liebe und die Trennung mit ein. Mit dem Smartphone werden **Beziehungen geknüpft, aufgebaut, gestaltet** und auch **beendet.**

In den sozialen Netzwerken stehen die Liebeskommunikation und der Liebesausdruck vor dem Dilemma des Gefühls der Nähe bei gleichzeitiger Reduktion der Kommunizierenden auf die Schrift – einer abwesenden Anwesenheit. In fortwährenden Interaktionen durch das Aktualisieren der Profilbilder und das regelmässige Posten von Momentaufnahmen und Alltagseindrücken wird versucht, dem eigenen virtuellen Ich Leben einzuhauchen und die virtuelle – beschönigte – Präsenz am Leben zu halten. Trotz der Idealisierung bleibt es aber bei einer unkompletten Präsenz, die in der Begegnung mit dem anderen knapp bleibt und das persönliche Gespräch bei Anwesenheit nicht zu ersetzen vermag.

Die Liebeserklärung erfolgt bei Facebook bisweilen spontan, doch viel öfter aus einem Anlass, einem Jubiläum. Dabei wird – auch in Anlehnung an die feierlichen Grusskarten – der Text mit einem zum Anlass passenden Symbolbild und vielen Emojis kombiniert.

Wenn auch das Gespräch für den Aufbau der Paarbeziehung grundlegend ist, so wird beim Online-Dating deutlich, dass die Interaktion in sozialen Medien ohne Anwesenheit den anderen nur schlecht erkennen lässt. So besteht die Gefahr, dass die hinter den Kommunikationen stehenden virtuell verliebten Personen sich bei einer ersten Begegnung im realen

Quelle: Facebook, 2016

Leben fremd erscheinen. Die Intimität, die sich im Kontakt via Internet herausgebildet hat, löst sich gewissermassen auf. Romantische Liebe wird als Ideal definiert, als totales Verstehen und absolute Vereinigung, als Bestimmung füreinander, die sämtliche Grenzen überwindet und ewig dauert. Die Liebesgefühle orientieren sich aber auch an einer gewissen Ökonomie, die – wie die Soziologin Illouz es beschreibt – sowohl durch Liebesgaben, wie auch durch gemeinsame Treffen, Ausflüge und Ferienreisen bestärkt werden.

In Liebeserklärungen werden Gefühle dargestellt, die der Stützung des romantischen Liebesideals dienen. Allerdings gibt es ein Wissen oder eine Ahnung über die Möglichkeit der Krise oder des Endes, welche die Logik des romantischen Liebesideals stört, die auch im Alltag aufscheint, die dann gleichzeitig ein- und ausgeblendet werden muss.

Du bisch mis ein und alles Schnegge, jedi Sekund mit dir isch es Gschenk und ich freue mich uf eusi wiiteri Zitt zeme, du und ich für immer bebiih.

Quelle: Blick am Abend, Schatzchästli, 2016

Obschon kein Geschlecht angegeben wird, wird der »Bär« als männlich gelesen. Er ist nicht nur ein Mann, sondern der Held, der für seine Prinzessin bis ans Ende der Welt geht und seine Aufgabe darin sieht, sie zum Lächeln zu bringen.

Das Gefühl der Liebe, der Zuneigung und der Verbindung, aber auch die Sorgen, die man sich um diese wertvolle Liebe macht, die Begeisterung für die andere Person und die Sehnsucht nach einem Treffen gehören zum Liebesausdruck im weitesten Sinn. Wie auch die Angst vor der Verletzung.

Dabei gilt auch im Internet: Was sich liebt, das neckt sich. Man foppt sich und provoziert den anderen beim Flirten oder auch in Krisen. Man nähert sich an durch das Erzählen von persönlichen Erfahrungen oder distanziert sich durch knappes Nachfragen.

Auf vielen sprachlichen Ebenen, mit bildlichen und piktorialen Codes sowie mit musikalischen Genres wird auf den Plattformen des Internets kommuniziert. Bei Smartphone-Chats werden zudem gesprochene Mitteilungen immer beliebter.

Die Interaktionen sind bisweilen – durch das Fehlen der körperlichen Präsenz des anderen – missverständlich. Wie hat sie oder er das gemeint? Darf man nachfragen?

Schatz es killt mi, dass du mer nid vertroue chasch. Ich wör alles för di mache und bis ans ändi vu dr wält goh zum dir es lächlä is gsicht z'zoubere. Yours always. din bär.

Quelle: Blick am Abend, Schatzchästli, 2016

Nachdem man sich im Internet kennengelernt hat, stellt sich bei Menschen die Frage, **ob überhaupt** und wenn ja, wann und **in welcher Form** die Beziehung (mit-)geteilt werden soll.

Wenn die Heirat ehemals nur im vergitterten »Zivil-Chästli«, der Anzeigetafel des Zivilstandsamtes, veröffentlicht werden musste, gibt es heute neue Normen für das schriftliche Explizieren der Partnerschaft.

Nicht weniger komplex wird es bei einer Trennung, die ja auch ohne die sozialen Medien schwierig ist. Wie wird die Verbindung auf Facebook gelöst? Das »concious uncoupling« werden die sozialen Medien mitberücksichtigen müssen. Facebook hat auch für diesen Fall eine Verhaltensanleitung entworfen:

Wenn deine Liebesbeziehung nicht mehr besteht, kannst du auf Facebook verschiedene Dinge unternehmen, die dir weiterhelfen:

- Ändere, wie viel du von deinem Ex-Partner sehen kannst
- dein Profilbild ändern
- deinen Nachrichten-Thread archivieren
- Deaktiviere den Chat für deinen Ex-Partner
- Deaktiviere das Teilen von Collagen für deinen Ex-Partner
- Passwort ändern
- Aktiviere die Genehmigung von Markierungen für Beiträge und Fotos, in denen du markiert bist
- Blockiere oder entferne deinen Ex-Partner als FreundIn
- Blockiere oder abonniere deinen Ex-Partner nicht mehr auf Instagram

Es ist wichtig, nach einer Trennung emotional auf sich Acht zu geben, um darüber hinwegkommen zu können. In Zusammenarbeit mit Beziehungsexperten und klinischen Psychologen haben wir die folgenden Tipps erarbeitet:

- Wende dich an Personen, denen du vertraust, um Unterstützung zu erhalten.
- Achte auf dich und deine Bedürfnisse sowie auf ausreichende Erholungsphasen.
- Bleib aktiv – sowohl physisch als auch mental.
- Probiere etwas aus, das du schon immer unternehmen wolltest, oder schließe dich einem Freund/einer Freundin an.

Weitere Ratschläge erhältst du bei der American Psychological Association oder der HelpGuide-Organisation.

Wenn du dich in unmittelbarer Gefahr befindest, solltest du dich an deine örtlichen Behörden wenden. Wenn dich jemand auf Facebook belästigt, melde die Person. Erfahre mehr zum Thema Sicherheit auf Facebook.

Quelle: https://www.facebook.com/help/535048496658903?helpref=related, 2017

Kapitel 3.1

Sprachlich verfestigte Intimität

Kosenamen und Paarcodes

Sprachlich wird Intimität im Alltag durch unterschiedlichste Formulierungen zur Darstellung gebracht. Doch nur einige wenige Gebilde zeigen diese innerste Verbundenheit in einer sprachlich verfestigten Form: Zunächst ist hier der sehr populäre Kosename zu nennen, das Paar-Emoji und viel seltener noch entwickeln Paare stabile paarsprachliche Codes.

Üblicherweise haben Namen die Funktion, Personen zu identifizieren. Auch die inoffiziellen **Kosenamen** tun dies, sie weisen direkt auf ein geliebtes Gegenüber, doch darüber hinaus zeigen sie auch die **Intimität der Beziehung** an. Im intimen Austausch dienen sie dazu, das Gegenüber zu liebkosen.

Im Unterschied zu **Alias oder Nicknames** in Chats sucht man sich die Kosenamen nicht selbst aus, sondern bekommt sie vom Partner zugeschrieben. Kosenamen kommen darüber hinaus auch in anderen privaten bspw. in familiären und freundschaftlichen Beziehungen vor.

In sozialen Medien treten Kosenamen meist in **Anreden von Postings** oder WhatsApp-Interaktionen auf. Beliebt sind stark routinisierte Formen wie Schatz (Shazz), Engel (auch Angel), Stern und Baby (BAE, babe, bebi).

Es zeigt sich zudem, dass Kosenamen in der konkreten Verwendung durchaus von Botschaft zu Botschaft oder sogar innerhalb einer einzigen Nachricht gewechselt werden. Dies bedeutet, dass der Kosename, wenn er auch begrifflich als Name gesehen wird, über eine Besonderheit verfügt: die **gleichzeitige Fähigkeit von Wechsel und Dauerhaftigkeit,** die für Namen gemeinhin untypisch ist.

Beispiele:

> Hoi Meermeitli,
> Du bisch die einzig richtigi für
> mi und ig ha Di ganz fescht gärn
> Dis Knuddelchen

Quelle: Liebesbriefarchiv, 2005

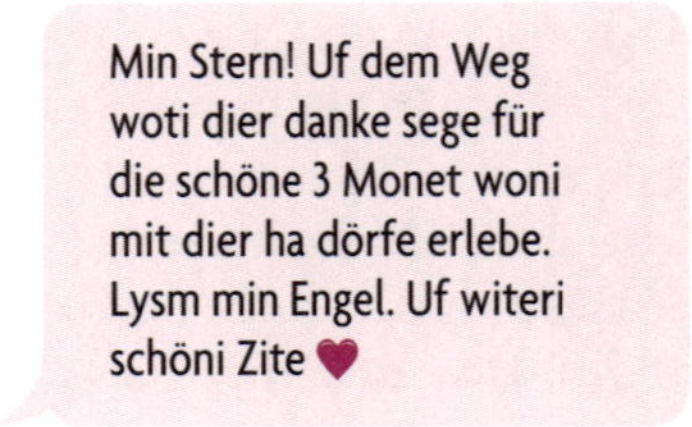

Quelle: Blick am Abend, Schatzchästli, 2016/2017

Obschon bei Kosenamen eher an liebevolle und romantische Zuschreibungen gedacht wird, da Kosenamen affektiv-positiv besetzt sind, sind **scherzhafte, neckende und frotzelnde** Verwendungen von **Kosenamen** gar nicht selten.

Quelle: Facebook, 2016

Quelle: Blick am Abend, Schatzchästli, 2016/2017

An die Stelle von Kosenamen treten bisweilen – wie eine anonyme Autorin richtigerweise bemerkt hat – auch kleine **Paar-Emojis** , die aber eher als Anstupser »Hallo ich bins dein Vogel« denn als Anrede »Mein « an das Gegenüber verschickt werden. So wird berichtet, dass damit der Kitsch der Kosenamen umgangen werden soll, ohne auf ein **intimes Zeichen** zu verzichten, das ähnlich wie der Kosename nicht nur eine Intimität anzeigt, sondern eine tiefe Verbindung schafft, weil durch diese gemeinsame Vorliebe auch ein geteiltes Geheimnis gehütet wird.

Bei manchen Paaren geht die sprachliche Kreativität so weit, dass sie ausführlichere gemeinsame sprachliche Codes erfinden, die sich aus sprachlichen Einheiten zusammensetzen, die über den Namen oder Einzelwörter hinausgehen. So finden sich im unten stehenden Beispiel neben Kosenamen wie »Bubu«, »Babybubu«, »Ludi« auch neue Grusskonstruktionen wie »Da Ludi« sowie andersartige Verschriftungen von Liebeserklärungen mit Anredepronomen »du« in »Liebedu« oder »Liebeduu«. Hier könnte man von einer Mikro-Sprache reden.

In diesem Beispiel bildet sich eine Art Mischsprache, die wegen der kindlichen Plapperlautsequenzen auch an »Baby-Talk« erinnert. Es etabliert sich eine spielerische Paarwelt, die sich durch diesen Code von der »Normalität« unterscheidet.

S. (männl.) / 14:19 (10.5.06)
Bubu, Geld von Betty ist gekommen! Geb dir heute Abend gell? Da Ludi

P. (weibl.) / 14:27 (10.5.06)
Bubu liebeduu:-))

S. (männl.) / 16:19 (11.5.06)
Einfach so? Liebe du unendlich my babybubu

Quelle: Liebesbriefarchiv, 2006

Kapitel 3.2

»Zum Mond und wieder zurück«

Variationen des »Ich liebe dich« im Web 2.0

Bei einer schriftlichen Liebeserklärung wird in der Regel erwartet, dass über das stereotype »Ich liebe dich« hinaus nach einer kreativen Formulierung gesucht wird. In den sozialen Medien findet sich das »Ich liebe dich« dennoch auffallend häufig. Genutzt werden jedoch auch weitere Möglichkeiten des medialen Ausdrucks von Liebesgefühlen, indem bildliche, musikalische und audiovisuelle Elemente in die komplexen Textensembles eingebracht werden.

Bei Liebeserklärungen ist es sicherlich naheliegend, sich der allbekannten Konstruktion des »Ich liebe dich« zu widmen. Ein Blick in die tatsächlich kommunizierten oder umgesetzten Liebeserklärungen zeigt doch, dass die schriftlichen Liebeserklärungen in den Social Media sehr häufig diesem **Muster** folgen, wobei in der Regel eine Verstärkung wie »so unbeschrieblich«, »sooooo fescht« nachgetragen wird. Dann wieder wird das starke Liebesgefühl als **Krankheit** oder **Sucht** begriffen, womit die **Dauer bzw. ihr Überdauern (»für immer«, »ewig«)** in den Vordergrund gerückt wird.

Brigitta Lauber ▸ Luis DelPotro
7. Mai 2014

Ich liäb dich so unbeschrieblich, Wörter chönts nöd usdrucke! HAPPY HAPPI B-DAY ! Ich bi stolz uf Dich und wünsch dir nurs best my love 😍 Und jetzt chum go schlafe du Arbeitstier, uf dich chunt morn no einiges zue 😘😘😘

8 3 Kommentare

Quelle: Facebook, 2014

Min ängel .... ich liäb dich sooooo fescht .... bacio ...

Quelle: Facebook, 2016

Ig wüsst garnüm was ig ohni di würd mache. Du bisch wie ne sucht wo me nid cha aber eigentlich ou nid wot los wärde.
Honey

Quelle: Liebesbriefarchiv, 2006

Morge Schnuggel!
I lieb Di über alles und dankter, dass Du immer für mi do bisch! I hoff, dass mer no vieli schöni u glücklichi Moment mit einander vobrige cheund.
Love Rosmarie

Quelle: Liebesbriefarchiv, 2006

Darüber hinaus finden sich **piktografische Darstellungen** (mit Bezug auf das bekannte Kinderbuch von McBratney und Jeram).

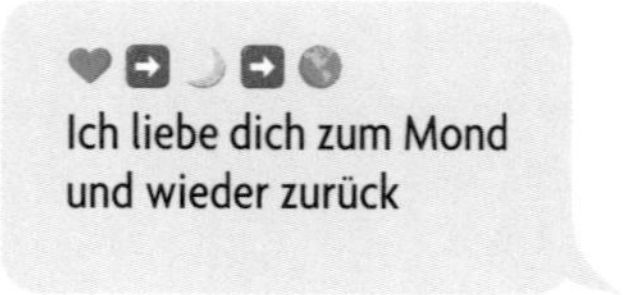

Quelle: Facebook, 2016

Auch bildliche **Liebeserklärungen** finden sich in Gestalt von Symbolfotos oder Diashows (Youtube). Dazu werden indirekte Verweise auf ein Liebesgefühl durch die Nennung bestimmter Hashtags den Posts mitgereicht. Mit dem Hashtag und dem danach folgenden Wort wird das Bild verschlagwortet, einer **Kategorie,** d.h. einem Thema zugeordnet. Es gibt dabei globale, englischsprachige Schlagworte (#love, #kiss, #baby), arabische (#habibi), deutsche (#NieWiederOhneDich, #IchLiebeDichÜberAllesAufDerWelt, #liebemeineslebens, #schatz, #spatz) oder schweizerdeutsche (#liäbdi, #schatz, #spatz), die man kombiniert.

Liebe wird als **Gefühl der Zuneigung** geschildert, das sich ausdrückt durch ein Hingezogen-Sein zu einer Person. Doch im **individuellen Erleben** ist das Gefühl eher ernst, dann auch wieder heiter. Zu den positiven Gefühlen der Freude, der Verbundenheit, des Vertrauens und der Geborgenheit gesellen sich auch negative wie Angst, Misstrauen und Unsicherheit.

Während die **Sehnsucht** eine Zwischenposition einnimmt, die sowohl als positiv als auch als negativ bewertet wird (»ich muen durend a dich dänke, du gasch mer nid usem kopf«), werden negative Emotionen, sowohl allgemeiner Art wie auch solche des Partners, in Botschaften zum Anlass für eine Liebeserklärung gemacht.

Quelle: Instagram, 2017

Hey schats, vieli mensche glaubet net ah liebi uf de ersti blick, doch ich weiss, dass es anderst isch. Ich liebe dich über alles min engel und bald derf um dini hand ahalte. 16.07.17 love you!!!

Hallo Mena, ich weiss mir händs grad schwer, ich weiss auch das ich zimlich aträngend ka sie! Aber ich lieb dich, un hoff es kömme wieder besseri Zyte! Di Alessio

Min grösstä schatz, machsch där immer so sorgä, dass mer nid gnuäg bisch. Du bisch alles und MEH!! Wird di niämals loslah my boo!

Quelle: Blick am Abend, Schatzchästli, 2016/2017

Kapitel 3.3

Unverfängliche Komplimente und überschwängliches Danken

Stereotype Kommunikation im Zeichen der Liebe

Komplimente sind auch im Internet ein fester Bestandteil der Liebeskommunikation. Mit ihnen wird die Einzigartigkeit der Partnerin oder des Partners hervorgehoben, indem Aussehen, Charaktereigenschaft oder eine Leistung bewertet werden. Komplimente eignen sich, wie auch Glückwünsche und andere kleine Gefälligkeiten, aber ebenso zur positiven Selbstdarstellung.

Da Komplimente dazu beitragen, in einer Beziehung grössere Nähe herzustellen, sind sie schon beim Kennenlernen und in der ersten Phase der Beziehung wichtig. Komplimente sind – wie Liebeserklärungen auch – dialogisch in der Anlage, auf das Kompliment erwartet man eine kommunikative Reaktion, in der Regel einen Dank.

> Hallo Schätzi
> möcht Dir uf däm Wäg säge, dasi Di vo ganzem Härze und über aues liebe!!
> Du bisch mini Troumfrou!!
> Um dich würd ich meh kämpfe als um jedi anderi Frau!!!

Quelle: Liebesbriefarchiv, 2006

Doch wer darf denn überhaupt ein Kompliment aussprechen? Da das Kompliment auch immer Ausdruck eines sozialen Machtverhältnisses ist und derjenige, der ein Kompliment ausspricht, sich dazu befähigt fühlt, die andere Person zu bewerten, ist es bei unsymmetrischen Verhältnissen ungleich verteilt. Nur dem sozial höher Gestellten ist es erlaubt, ein Kompliment zu machen.

> Ah die mit Abstand schönsti Frou us Gränchä:
> Mona, du besch efach s'Auerbeste, wo mer jemals passiert isch love u forever.

Quelle: Blick am Abend, Schatzchästli, 2016/2017

In den sozialen Medien kommt hinzu, dass das Kompliment mehrfach adressiert ist. Einmal richtet es sich an die Person, deren Eigenschaften, Talente oder Leistungen positiv bewertet werden. Die Aufmerksamkeit fällt jedoch auch demjenigen zu, der das Kompliment ausspricht, in der Folge wird er als höfliche Person in einem positiven Licht wahrgenommen.

> Hey mis Vreni! Du bist eine wunderschöne, starke, lustige Blume! Schön, dass du da bist und dass es dich gib. Mag di! Dein Batman

Quelle: Blick am Abend, Schatzchästli, 2016/2017

Darüber hinaus richtet sich der Blick auf die bewertete Person und den Inhalt der Bewertung, den man reaktiv dann mit Likes oder Kommentaren unterstützt.

Es gibt eine Tendenz, dem Objekt der Begierde die **Liebeserklärung nicht direkt,** sondern etwas »unverfänglicher« auf einem Umweg durch andere kommunikative Kleinformen zukommen zu lassen. Man bringt Blumen, macht ein Geschenk oder sendet bei einer passenden Gelegenheit eine Gratulation.

Mit dem **fotografischen Dank** für die Geschenke öffnet man den Vorhang und gibt den Freunden, Followern, die diese Kommunikationen lesen, einen Einblick in den Beziehungsalltag und verbindet damit das virtuelle mit dem realen

Leben. Diese wiederum nehmen an dieser Kommunikation teil und reagieren mit einem »Like«, mit einem Kommentar oder auch mit einer Frage. Damit verbindet das anfängliche Geschenk die beschenkte Person mit ihren Freunden und Followern.

Quelle: Facebook, 2016

Es ist die unkomplizierte, konfliktfreie Liebe, die in den sozialen Medien überhandnimmt. Man feiert die sorglose Liebe, verbindet sie mit **Dankbarkeitsbekundungen.** Die Transformation des Liebesdiskurses in einen Diskurs der Dankbarkeit macht deutlich, wie stark die Kontrolle über das eigene und fremde Image der Liebeskommunikation und damit auch den Liebeskonzepten im Internet einen Stempel aufdrückt.

Kapitel 3.4

Der Reiz der Anonymität

Öffentliche Liebeserklärungen und verpasste Chancen

Die anonymen Schatzchästli-Anzeigen erfreuen sich einer grossen Beliebtheit. Die Veröffentlichung von Briefinseraten und Kontaktanzeigen war lange Zeit ein Privileg der Zeitungen. Heute haben sich diese und ähnliche Kommunikationsformen zu einem einfachen und preiswerten multimedialen Prozess zwischen Handykommunikation, Social Media und Zeitungsprodukt gewandelt.

Die ehemalige Kultrubrik »Schatzchästli« des Zürcher »Tages-anzeiger« wird inzwischen als SMS-Forum in der Gratiszeitung »Blick am Abend« sowohl im Print wie auch auf einer Facebook-Seite weitergeführt.

Aus sprachlicher Sicht handelte und handelt es sich um eine **Kleinanzeige,** die aber im Gegensatz zu den meisten anderen Anzeigen wie Heirats-, Todes- und Bekanntschaftsanzeigen nicht an die ganze Leserschaft, sondern an einen klar fokussierten Adressaten gerichtet ist. Während in früheren Zeiten ein auf Papier eingesandter Inserattext gegen eine Gebühr veröffentlicht wurde, reicht es heute, eine SMS zu senden.

In diesem Forum werden meist Beiträge von Menschen veröffentlicht, die in einer Beziehung stehen und sich **öffentlich austauschen** möchten. Es handelt sich um eher jüngere Menschen, beiderlei Geschlechts. Die sprachlichen Formulierungen wirken wie spontan verfasste SMS-Botschaften. Sie sind getragen von einem Duktus der konzeptionellen Mündlichkeit. Die meisten Texte wirken nicht überarbeitet, sprachliche Mängel und Tippfehler werden stehen gelassen. Man schreibt wohl so, wie dies auch im informellen Austausch geschehen würde.

Im Unterschied zu den SMS-Botschaften, bei denen man auf Anrede und Grussformeln verzichten kann, müssen hier die Adressaten (»Schnegge«, »Ängeli«) in einer Anrede genannt werden. Auch verzichten die wenigsten auf eine Unterschrift, sondern setzen dort, obschon das in der SMS-Kommunikation unüblich ist, ihren Kosenamen (»bebiih«, »buddy«). Damit kontrollieren sie den Informationsfluss und gewährleisten, dass die Adressatin bzw. der Adressat mit Sicherheit weiss, dass sie bzw. er angesprochen wird und von wem die Nachricht stammt.

In vielen Fällen wird die SMS-Anzeige als Gelegenheit zu positiver Beziehungskommunikation genutzt, zum Beispiel zur Verdeutlichung des Commitments oder zur Stärkung der Verbindung, seltener auch für eine **Entschuldigung** oder die **Bitte um eine zweite Chance.** Viele dieser Nachrichten sind **Glückwunschanzeigen** oder **Danksagungen.** Beide sind – wie dies auch bei Facebook deutlich ist – sowohl im Briefformat durchgeführt wie auch inhaltlich **überexplizit.** Dies ist dem zusätzlichen äusseren, öffentlichen Kommunikationsrahmen geschuldet, denn auch hier – in der Öffentlichkeit – möchte man gewissen Normen entsprechen und – was wohl der zentrale Punkt ist – es gilt ein Missverständnis zu vermeiden, da die SMS sonst im Rauschen verpufft und die intendierte Wirkung nicht gewährleistet wäre.

Du bisch mis ein uns alles Schnegge, jedi Sekund mit dir isch es Gschenk und ich freue mich uf eusi wiiteri Zitt zeme, du und ich für immer bebiih.

hallo mis ängeli, ha dr nume wöue säge, dass ig mi mega fröie, dass mr bald z dritt si u dass du d muetter vo mim ching wirsch. liebe di vo ganzem härze. Buddy

Happy birthday mim chline Härzchäferli. Du bisch e richtige Goldschatz liebe Finn. Schöns Geburtstagsfestli. Ha Di fescht gärn. Grosi

Quelle: Blick am Abend, Schatzchästli, 2016/2017

Bisweilen entdeckt man Teilnehmer, die weder das eine noch das andere Interesse haben, sondern sich daran ergötzen, in der **Öffentlichkeit coram publico in einen intimen Dialog zu treten,** und vielleicht auch zum Vergnügen derjenigen, die

dies bemerken, in der Ambivalenz des öffentlichen Geheimnisses ihre Konversation führen.

Mis liebe Flauschi! Hoffentli bisch immerno so eh flissigi Schatzchäschtlileserin. Schrieb mir wiedermal, ha dini nr. nümme und vermiss dich mega fest! Dis knackarschige Zöpfli ❤

Än riiisä Knuddäl fürs Zöpfli ❤ Hoff dis Näsli isch ez so makellos wie dis Knackärschli. Ha di uh lieb, s'Flauschi 😊

Quelle: Blick am Abend, Schatzchästli, 2017

Die Rubrik wird zudem für die **Publikation von anonymen Kontaktanzeigen** genutzt, die allerdings kommunikativ eine Herausforderung darstellen. Diese erfolgen nach einer sogenannten »verpassten Gelegenheit«. Die Kontaktanzeige versucht hier nachzufassen.

Du (w, schw. Haar) bisch am Do i de S19 Richtig Effi gsi. Paar mal Blickkontakt gha. Ich (rote Puli, Lederjacke) bi in Dietlike usgstige. Meld di doch: s_19@gmx.ch

Eine neuere Entwicklung stellen die »Spotted«-Seiten dar, die von Städten, Clubs, Universitäten oder Bibliotheken angeboten und auf Facebook zur Verfügung gestellt werden, um **Personen wiederzufinden,** die an einem bestimmten Ort gesichtet, aber nicht angesprochen wurden. Dabei werden Suchende und Antwortende meist anonymisiert.

Spotted: St. Gallen
28. Dezember 2015

Hey ich m 19 Ich sueche dich (w) du schafsch im Café Floh i de Altstadt. Du hesch so e herzigs lächlä ka han leider müese go und du hesh dini schibe puzt du bisch ca 166 gross hesh dunkli hore und wunder schöni auge bitte melde dich i muess dich kenne lerne

Gefällt mir · Kommentieren · Teilen

Quelle: Facebook, 2016

Kapitel 3.5

Verliebe dich oft, verlobe dich selten, heirate nie!

Sprüche, Statusmeldungen und Memes im Internet

Sprüche, seien sie gereimt oder nicht, haben die Welt mit den SMS vollends erobert. Mit einem Quäntchen Unterhaltungswert werden Alltagsweisheiten sprachlich pointiert zum Besten gegeben. Neben den gereimten SMS-Sprüchen zeigen ihre kürzeren Pendants – die Statusmeldungen auf Facebook und WhatsApp – sowie die Memes neue Formen humorvoller Kreativität.

Die SMS-Botschaft ging als kürzeste Form der digitalen Mitteilung eine äusserst produktive Verbindung mit der **Sprüchetradition** ein. Ein Blick ins Internet zeigte damals schon Hunderte solcher Spruchsammlungen, die fein säuberlich nach Themen sortiert online oder auch in Buchform nachgelesen werden konnten. Viele dieser damals neuen Liebessprüche vermeiden eine **romantische Schwermütigkeit** und nehmen Liebe mit **Humor.** Dabei versuchen sie, gerade die »unromantische«, weil in einen Apparat getippte SMS positiv zu werten.

Hier verhält es sich ähnlich wie bei den »Inflections«: Es finden sich nur **wenige dialektale Liebes-SMS-Sprüche.** Aber auch bekannte Kinderverslein oder Kindergebete, wie zum Beispiel folgender SMS-Abendgruss, werden verschickt:

Ich bi e chlini Fläddermus,
und flüge nachts vo Hus zu Hus.
bis de Morge wieder lacht.

Quelle: Liebesbriefarchiv, 2005

Die Sprüchekultur wird in der **Welt der Statusmeldungen** bei Facebook und WhatsApp weitergeführt, wobei das Thema Liebe

Quelle: SMS-Sprüchesammlung, http://www.sms4me.ch/, 2016

an dieser prominenten Stelle im Vergleich zu den Profilbildern seltener verwendet wird.

Statusmeldungen (AKA SMS-Sprüche)

- Hinter jeder Frau sollte ein Mann stehen, der sie von ganzem Herzen liebt.
- Kann nicht viel schreiben, ich denke nur an Dich!
- Im Walde turnt ein Känguruh, in meinem Herzen turnst nur du.
- Himmel, Arsch und Zwirn – ich hab nur dich im Hirn!
- Ich habe nur eine Schwäche und das bist Du.
- »Einmal Liebe bitte.« »To go?« »To stay.«
- Beziehungsstatus: Ich frühstücke morgens alleine ... Für zwei.
- Meine Freundin meint, ich wäre neugierig. Zumindest steht das in ihrem Tagebuch.
- Liebe ist nur ein Wort, Honig auch.
- Es geht nicht darum, dass der Deckel genau passt. Es geht darum, dass er die Hitze hält.
- Ich mag dich ein bisschen mehr als ursprünglich geplant.
- Ich habe nachgemessen. Du bist grossartig.
- Ich finde, mein Vorname passt gut zu deinem Nachnamen.

Schweizerdeutsche Statusmeldungen

- Fründe si die arte vo mensche, wo dini fründe si, au wenn sie di kenne.
- Mengisch isches eifacher zvergeh, will meh süscht selber kaputt goht.
- Es git nüt Bessers als gueti Fründe, usser gueti Fründe mit Schoggi.
- S'Bescht i mir, ich weiss, ich has vo dir.

- Versuech nöd mich z'verstaa, lieb mich eifach.
- Härzrase isch au nur es anders Wort für Bruschtbehaarig.

Quelle: http://status-sprueche.net/, 2017

Mitunter werden Sprüche zu unterschiedlichsten Themen auf **visualisierenden Schildern** in Twitter oder Instagram in Kombination mit Hashtags zur Aufmunterung oder Anregung der Follower verschickt.

Blockieren...
Nummer wieder freigegeben...
Nummer löschen...
Und doch wieder einspeichern...

#sprücheseite #sprüchezumnachdenken #gedanken #zitate #sprücheundzitate
Quelle: Twitter, 2016

Geradezu wie ein Lauffeuer verbreiten sich auch **Memes** im Internet, die von unendlich vielen Usern geteilt, kopiert und verändert werden, also neue Bilder und neue Texte zu unkontrollierbar vielen Varianten kombinieren. Es handelt sich in der Regel um prägnante Motive, die mit zwei Textzeilen kombiniert werden. Oft sieht man Prominente in ungewöhnlichen Posen, Comicfiguren wie Sponge Bob oder kuriose Tieraufnahmen bspw. von Grumpy Cat.

Die Frage, wie viel Aufmerksamkeit diese Memes erhalten und wie sie sich damit in den Netzwerken durchsetzen, ist dabei grundlegend.

Quelle: @swissmeme, 2017

Kapitel 3.6

Erotik-Rankings für Dialekte?

Fake news oder
alternative facts!

Es gibt keinen Grund, weshalb eine Sprache schöner sein sollte als eine andere, weswegen ein Dialekt (der ja auch eine Sprache ist) erotischer sein sollte als ein anderer. Trotzdem werden bestimmten Dialekten und ihren Sprecherinnen und Sprechern Eigenschaften zugeschrieben. Diese betreffen nun neuerdings nicht mehr »bloss« charakterliche Aspekte wie Langsamkeit, Freundlichkeit, Arroganz und Elitismus, sondern offensichtlich gibt es auch Ranglisten für deren erotische Ausstrahlung.

Die Sprache spielt für eine **erotische Beziehung** eine besonders grosse Rolle: für die erotische Stimulierung mit sprachlichen Mitteln, bei einem erotischen Gespräch, bei einem Kompliment oder bei der Kundgabe der eigenen Absichten. Umgekehrt können auch die emotionale Einstimmung und die Ansage der eigenen körperlichen Absichten Komponenten einer erotisch stimulierenden Sprache werden.

Kann aber eine Sprache selbst einen **erotischen Wert** besitzen? Spontan meint man wohl ja. Doch aus sprachwissenschaftlicher Sicht ist es klar, es gibt keine **äusseren Merkmale,** die einen Wissenschaftler dazu berechtigen würden, eine Sprache vor einer anderen als besser oder schöner zu bewerten. Ein Dialekt ist nicht schöner als die Standardsprache oder umgekehrt, es sind vielmehr in verschiedener Hinsicht unterschiedliche Dinge.

Doch die **psychologischen Fakten** liegen anders: In der Schweiz kann tatsächlich ein West-Ost-**Sympathie-Gefälle** aufgezeigt werden. Die östlichen und nordöstlichen Dialekte werden von den südlichen und westlichen Dialekten in vielen Sympathiewerten überholt. Doch die Sympathiezuschreibung ist kein sprachliches, sondern ein psychologisches Faktum. Gleichzeitig sind diese Meinungen der Menschen – damit beginnt das eigentliche Problem – zwar **Meinungen von Subjekten,** aber keine subjektiven Meinungen, da die Meinungen in sozialen Gruppen in der Regel geteilt werden.

Die positiven und negativen Bewertungen des eigenen oder anderer Dialekte zeigen sich als ein Geflecht von **Metasprachdiskursen,** die in einer Gesellschaft geteilt werden. Durch wechselseitige Bestätigungen untereinander und mit Unterstützung von wichtigen Instanzen wie Schulen und Medien entfalten sich diese Meinungen zu übergreifenden Sprachmythen, die einander im Alltag – bestätigend – als **Geschichten** erzählt werden.

Dass es sich mit dem **Dialekt** ausserhalb des **Thurgaus** nicht immer einfach lebt, bestätigt Rapper Demian Länzlinger alias Crispy Dee:

»In den letzten zehn Jahren habe ich oft gemerkt, dass mein Dialekt mir im Weg stand.« Trotzdem habe er seinen **Ur-Dialekt** nie aufgegeben. »Ich stehe dazu. Klar wurde ich schon nachgeäfft, aber dann rede ich absichtlich **extremes Thurgauerdeutsch.** Man muss ja auch über sich selber lachen können.« Die Thurgauer Mundart finde er überhaupt **nicht unerotisch** – seine Frau sei ja auch Thurgauerin. »Ich denke, dass der Thurgauer Dialekt für Externe eher unerotisch wirkt. Akustisch tönt er wahrscheinlich nicht so angenehm und eher hart.«

Quelle: 20min.ch, 09.02.2017

Bachelorette Eli Simic (28) hatte Montagnacht keine Rose für ihn. (...) Der Zürcher, der kurz vor dem Finale aus der Kuppelshow von 3+ geflogen ist, trauert der schönen Junggesellin nicht nach.

»Ich bin erleichtert, dass sie mich rausgeworfen hat«, sagt er zu BLICK. Zwischen ihm und Eli habe es einfach nicht gefunkt. Anfangs habe er sich eingeredet, dass sich zwischen ihnen noch etwas entwickeln könnte. Schliesslich musste er sich eingestehen: »Ich hatte keine Gefühle für sie.« Eli sei eine tolle Frau – aber eben nur als Kollegin. Schuld sollen nicht nur ihre unterschiedlichen Charaktere sein, sondern vor allem auch die

Sprachbarriere. »Elis **St. Galler Dialekt** ist ein Abturner«, sagt Daryl ganz offen. Und giftelt: »Sie ist ja eine wunderschöne Frau. Aber ihr Dialekt **macht unsexy.**«

Quelle: blick.ch, 12.06.2017

Stereotype und Einstellungen basieren nicht auf **Eigenschaften der Dialekte,** sondern auf Zuschreibungen. Sie sind nicht stabil. Es zeigt sich, dass diese Stereotypen durch Wissen über die Sprachen verändert werden.

Vor diesem Hintergrund wäre zu überlegen, ob anstelle des Dialekts nicht eher die Formulierungen und die **sprachliche Kreativität** bewertet werden sollten. Welche Botschaft ist denn die beste, klügste, witzigste, charmanteste, sensibelste, ansprechendste?

Du Sonja us Ostermundige, bisch am Fritig ar BEA ir Oldies Bar gsi und hesch gfragt ob mi irgendwo findisch. There you go! 😋 smile@gmx.ch

Hoy Jenny, mir hend eus am Seefest zArbon kenneglernt und es guet Gspräch gha! Wür di gern wieder gseh, hesch Iidruck hinderlah. Meld di doch hallo_martin@gmx.ch

Hey 😃, Also ich sueche M, wo am 8. im J's Club gsi isch, wo de DJ Antoine ufkleit het. S'este mol hemmo üs uf de Tanzflächig se und sind nebetenant am tanze gsi und hend spöter auch immer wieder Blickkontakt kha. Am schluss bevor er gange isch hemmo no kurz mitenand dusse kredet, aber er het mösse goh. Leider hani kein plan wiener heisst oder susch was. Nimmt mi recht wunder wer das isch. 🙄

Quelle: Facebook Spotted St. Gallen und Blick am Abend, Schatzchästli, 2016/17

Kapitel 3.7

Liedtexte

Fiktionale Liebeserklärungen zwischen Chanson, Rap und Song

Als künstlerische Umsetzung hat das Liebeslied eine herausragende Bedeutung. Es ist nicht Mitteilung, kann aber dennoch gewidmet sein. Es hat daher auch keinen Informationszweck, sondern kann als Beispiel verallgemeinern oder als Besonderheit neue Welten erschliessen. Als Kunstwerk hat das Lied den Anspruch, einzigartig und unnachahmlich zu sein. Aus dieser Konstellation heraus entfaltet der Text über eine reale Situation hinaus einen Sinn, der etwas erkennbar und zugänglich macht, was bisher nicht erkannt oder verstanden wurde.

Jedes dieser Lieder erzählt von dem **Liebesgefühl,** das in einem bestimmten Moment einer **Liebesgeschichte** vielleicht kompliziert wird und thematisiert werden muss. Bei **Fabienne Louves** ist es der überraschende und auch überfordernde Wunsch »Bitte lüg mi a«, der in Luzerner Deutsch ebenso brisant ist wie in jeder anderen Sprache. Bei **Knackeboul** in Langenthaler Dialekt lassen die doch eigenwillig traditionellen Männerbilder aufhorchen, da sie zum rebellischen Musikstil des Raps in Kontrast stehen werden. Doch auch hier bleibt der Dialekt selbst im Hintergrund.

Fabienne Louves

Bitte lüg mi a

Bitte lüg mi a demit ich schlofe cha
Säg: das mit üs isch für immer
Versprich mer's Blaui vom Himmel
hüt Nacht lohn i mi uf jedi Räubergschicht i
niemer weiss was morn wird si
Bitte lüg mi a demit ich besser schlofe cha

Knackeboul

Liebi und Luft

E Teil vo mir isch immer bi dir
immer di Teil isch ständig für di do
und blibt ewig di Beschützer
was nützt mer Philosophie und Lebensstil
schlof ir nacht nid näbe dir ii
loh mi nid los i fühle mi wohl i dim Schoss
du bisch d'Queen i mire Wäut.

Wurzel 5 (»wurzu füüf«) führen in ihrem berndeutschen Rap aus, wie sie mit der Kritik umgehen, indem sie die kritische Stimme selbst in das Lied einbinden (die Kritik am Musikstil, zu dem man nicht tanzen könne, der Ärger über die Themen, die nicht berühren würden, und die Klage über die Lieder, die keine Melodie hätten) und dieser Stimme im Song ein paar Zeilen entgegensetzen.

Im Liedtext von **Sina** wird nicht die Liebesklage, sondern – hier nun Walliserdeutsch – das **Liebeslob** zum Thema, das sich als Glück und Freiheit zeigt, die durch das Liebesgefühl und das Gefühl der eindeutigen Zugehörigkeit empfunden wird.

Wurzel 5

Für di

meitschi i weiss du fingsch mi sound nid so heiss
mä chönn nid tanze sig eifach eso
weiss nid was de meinsch doch i probieres itz einisch
und i schribä dir da dä song
redi nur über züüg wo hie doch kenä berüert
u mini liädr heigä ke melodie
auso gniess di paar zile di si nume für di
u nächhär ischs de scho widr verbi

Sina/Marc Sway

wa du bisch

Ich bi no niä so frii gsi
ha no niä so wiit gseh
ich ha no niä so gnau gwisst wa miinä Platz isch
där isch da, wa du bisch

Der junge Bieler Rapper **Nemo** schildert den Wunsch, das beim Tanzen mit der Geliebten erlebte Gefühl für immer festzuhalten. **Steff la Cheffe** hingegen stellt die bekannten Bilder auf den Kopf. Hier spricht eine selbstbewusste Stadtbernerin offen über die Anziehung, die ein Mann auf sie ausübt, den sie allerdings bloss ein Abenteuer lang lieben möchte, wenn er denn Interesse daran hätte.

Nemo

What A Day

Es bruucht nid viu, eigentlech numen üs Zwöi
Tanzen im Chessu – i wott nie wider hei
Mach der keni Sorge, aues wird okay
Es isch zwar Nacht, aber »Oh, what a day«!

What A Day, EP: Momänt-Kids, Nemo, 2016
Text: N. Mettler
Publishing Rights: Bakara Music Publishing

Steff la Cheffe

Im Momänt

I wär scho zha fürnes Abetür,
we du nur frage würdsch, wärsch du dr Ma drfür,
I bi scho nätt, doch erhoff dr doch nüt.
Es isch scho schpät und i bi bsoffe vor Glück.

Im Momänt ke Job. Im Momänt ke Schuu.
Im Momänt ke Fründ. Im Momänt uf Tour.

Im Momänt, Album: Bittersüessi Pille, Steff la Cheffe, 2010
Text: S. Peter
Publishing Rights: Bakara Music Publishing

Liebesbriefarchiv

Das Liebesbriefarchiv (LBA) hat Prof. Dr. Eva L. Wyss 1997 für die Erforschung der Sprache der Intimität im 20. und 21. Jahrhundert an der Universität Zürich aufgebaut und nach dem Wechsel nach Deutschland laufend erweitert. Heute umfasst das Archiv über 17'000 Briefe, die je zur Hälfte aus Deutschland und der Deutschschweiz stammen.
Als Autorin ist sie in wissenschaftlichen wie im wissenschaftsvermittelnden Bereich tätig. 2005 erschien die Briefsammlung »Leidenschaftlich eingeschrieben. Schweizer Liebesbriefe« im Verlag Nagel & Kimche.

https://liebesbriefarchiv.wordpress.com/

Literatur

Roland Barthes (1988 [1977]): Fragmente einer Sprache der Liebe. Frankfurt a. M.

Helen Christen (2004): Dialekt-Schreiben oder „sorry ech hassä Text schribä". In: Elvira Glaser et al. (Hg.): Alemannisch im Sprachvergleich. Wiesbaden, 71–85.

Eva Illouz (2004): Gefühle in Zeiten des Kapitalismus. Adorno-Vorlesungen, Suhrkamp, Frankfurt a. Main.

Sherry Turkle (2012): Verloren unter 100 Freunden: Wie wir in der digitalen Welt seelisch verkümmern. München: Random House.

Eva L. Wyss (Hg., 2005): Leidenschaftlich eingeschrieben. Schweizer Liebesbriefe. Eine Anthologie. Nagel & Kimche, Zürich.